民國文存

6

清初五大師集（卷二）
顧亭林集（上）

許嘯天　整理

知識產權出版社

顧亭林是明末清初的思想家，《日知錄》是顧亭林的代表作之一，寄託他的經世致用思想，亦是反映十七世紀中葉時代風貌的學術巨著。本書的整理者許嘯天將《日知錄》分為經義、藝文、考證、世風四卷進行整理，名為《日知錄節要》。本書是《顧亭林集》的上冊，包括經義一卷的內容。

本書適合對學術思想史感興趣者及相關的研究者閱讀使用。

責任編輯：文　茜　　　**責任校對：**韓秀天　　　**動態排版：**賀　天
執行編輯：韓　帥　　　**責任出版：**谷　洋
特約編輯：譚　笑

圖書在版編目（CIP）數據

清初五大師集（卷二）·顧亭林集（上）/許嘯天整理.—北京：知識產權出版社，2012.10
（民國文存）
ISBN 978-7-5130-1536-3

Ⅰ.①清… Ⅱ.①許… Ⅲ.①顧炎武（1613~1682）—文集 Ⅳ.①B249.1-53

中國版本圖書館 CIP 數據核字（2012）第 217762 號

清初五大師集（卷二）·顧亭林集（上）
Qingchu Wudashi Ji(Juaner)·Gutinglin Ji(Shang)

許嘯天　整理

出版發行：	知識產權出版社 有限責任公司		
社　　址：	北京市海澱區馬甸南村1號	郵　編：	100088
網　　址：	http://www.ipph.cn	郵　箱：	bjb@cnipr.com
發行電話：	010-82000860 轉 8101/8102	傳　真：	010-82005070/82000893
責編電話：	010-82000860 轉 8342	責編郵箱：	wenqian@cnipr.com
印　　刷：	保定市中畫美凱印刷有限公司	經　銷：	新華書店及相關銷售網站
開　　本：	720 mm×960mm　1/16	印　張：	14.25
版　　次：	2014年5月第一版	印　次：	2014年5月第一次印刷
字　　數：	176千字	定　價：	48.00元

ISBN 978-7- 5130-1536-3

出版權專有　侵權必究
如有印裝質量問題，本社負責調換。

民國文存

（第一輯）

編輯委員會

文學組

組長：劉躍進

成員：尚學鋒　李真瑜　蔣　方　劉　勇　譚桂林　李小龍　鄧如冰　金立江　許　江

歷史組

組長：王子今

成員：王育成　秦永洲　張　弘　李雲泉　李揚帆　姜守誠　吳　密　蔣清宏

哲學組

組長：周文彰

成員：胡　軍　胡偉希　彭高翔　干春松　楊寶玉

出版前言

民國時期，社會動亂不息，內憂外患交加，但中國的學術界卻大放異彩，文人學者輩出，名著佳作迭現。在炮火連天的歲月，深受中國傳統文化浸潤的知識份子，承當著西方文化的衝擊，內心洋溢著對古今中外文化的熱愛，他們窮其一生，潛心研究，著書立說。歲月的流逝、現實的苦樂、深刻的思考、智慧的光芒均流淌於他們的字裡行間，也呈現於那些細緻翔實的圖表中。在書籍紛呈的今天，再次翻開他們的作品，我們仍能清晰地體悟到當年那些知識分子發自內心的真誠，蘊藏著對國家的憂慮，對知識的熱愛，對真理的追求，對人生幸福的嚮往。這些著作，可謂是中華歷史文化長河中的珍寶。

民國圖書，有不少在新中國成立前就經過了多次再版，備受時人稱道。許多觀點在近一百年後的今天，仍可說是真知灼見。眾作者在經、史、子、集諸方面的建樹成為中國學術研究的重要里程碑。蔡元培、章太炎、陳柱、呂思勉、謝無量、錢基博等人的學術研究今天仍為學者們津津樂道；魯迅、周作人、沈從文、丁玲、梁遇春、李健吾等人的文學創作以及傅抱石、豐子愷、徐悲鴻、陳從周等人的藝術創想，無一不是首屈一指的大家名作。然而這些凝結著汗水與心血的作品，有的已經罹於戰火，有的僅存數本，成為圖書館裡備受愛護的珍本，或成為古玩市場裡待價而沽的商品，讀者很少有隨手翻閱的機會。

鑑此，為整理保存中華民族文化瑰寶，本社從民國書海裡，精心挑出了一批集學術性與可讀性於一體的作品予以整理出版，以饗讀者。這些書，包括政治、經濟、法律、教育、文學、史學、哲學、藝術、科普、傳記十類，綜之為民國文存。每一類，首選大家名作，尤其是對一些自新中國成立以后沒有再版的名家著作投入了大量的精力，進行了整理。在版式方面有所權衡，基本採用化豎為橫、保持繁體的形式，標點符號則用現行的規範予以替換，一者考慮了民國繁體文字可以呈現當時的語言文字風貌，二者顧及到今人從左至右的閱讀習慣，以方便讀者翻閱，使這些書能真正走入大眾。然而，由於所選書籍品種較多，涉及的學科頗為廣泛，限於編者的力量，不免有所脫誤遺漏及不妥當之處，望讀者予以指正。

目　錄

顧亭林集新序 ………………………………………………… 1

日知錄節要卷一　經義 ……………………………… 7

三易 …………………………………………………………… 8
重卦不始文王 ………………………………………………… 8
朱子周易本義 ………………………………………………… 9
卦爻外無別象 ………………………………………………… 11
卦變 …………………………………………………………… 11
互體 …………………………………………………………… 12
六爻言位 ……………………………………………………… 12
九二君德 ……………………………………………………… 13
師出以律 ……………………………………………………… 13
既雨既處 ……………………………………………………… 13
武人爲於大君 ………………………………………………… 14
自邑告命 ……………………………………………………… 14
成有渝无咎 …………………………………………………… 15
童觀 …………………………………………………………… 15
不遠復 ………………………………………………………… 15
不耕穫不菑畬 ………………………………………………… 16

i

天在山中	16
罔孚裕无咎	16
有孚於小人	17
損其疾使遄有喜	17
上九弗損益之	17
利用爲依遷國	18
姤	18
包无魚	18
以杞包瓜	19
已日	19
改命吉	20
艮	20
艮其限	20
鴻漸于陸	21
君子以永終知敝	22
鳥焚其巢	22
巽在牀下	22
翰音登于天	23
山上有雷小過	23
妣	23
東鄰	24
游魂爲變	24
通乎晝夜之道而知	25
繼之者善也，成之者性也	25
形而下者謂之器	26

垂衣裳而天下治 ··· 26

過此以往未之或知也 ·· 26

困德之辨也 ·· 26

凡易之情 ··· 27

易逆數也 ··· 27

説卦雜卦互文 ·· 28

兑爲口舌 ··· 29

序卦雜卦 ··· 29

晉晝也，明夷誅也 ··· 29

孔子論《易》··· 30

七八九六 ··· 31

卜筮 ··· 31

帝王名號 ··· 33

九族 ··· 34

舜典 ··· 36

惠迪吉從凶 ·· 36

懋遷有無化居 ·· 37

三江 ··· 37

錫土姓 ·· 37

厥弟五人 ··· 38

惟彼陶唐有此冀方 ··· 38

允征 ··· 39

惟元祀十有二月 ··· 39

西伯戡黎 ··· 40

少師 ··· 40

iii

殷紂之所以亡	40
武王伐紂	41
泰誓	42
百姓有過在予一人	43
王朝步自周	43
太王王季	44
彝倫	44
龜從筮逆	44
周公居東	45
微子之命	45
酒誥	45
召誥	46
元子	46
其稽我古人之德	46
節性	46
汝其敬識百辟享	47
惟爾王家我適	47
王來自奄	47
建官惟百	48
司空	49
顧命	49
矯虔	50
罔中于信以覆詛盟	51
文侯之命	51
秦誓	52

古文尚書	52
書序	55
豐熙僞尚書	56
詩有入樂不入樂之分	57
四詩	58
孔子刪詩	58
何彼襛矣	59
邶鄘衛	60
黎許二國	61
諸姑伯姊	61
王事	62
朝隮于西	62
王	62
日之夕矣	63
大車	63
鄭	64
楚吳諸國無詩	64
豳	64
言私其豵	65
承筐是將	65
罄無不宜	66
民之質矣日用飲食	66
小人所腓	66
變雅	67
太原	67

莠言自口 … 69
皇父 … 69
握粟出卜 … 70
私人之子百僚是試 … 70
不醉反恥 … 70
上天之載 … 71
王欲玉父 … 71
夸毗 … 71
流言以對 … 72
申伯 … 72
德輶如毛 … 73
韓城 … 73
如山之苞如川之流 … 74
不弔不祥 … 74
駉 … 75
實始翦商 … 75
元鳥 … 76
敷奏其勇 … 76
魯頌商頌 … 76
詩序 … 77
魯之春秋 … 78
春秋闕疑之書 … 78
三正 … 79
閏月 … 81
王正月 … 81

春秋時月並書 …………………………………… 82

謂一爲元 ………………………………………… 82

改月 ……………………………………………… 83

天王 ……………………………………………… 84

邾儀父 …………………………………………… 84

仲子 ……………………………………………… 84

成風敬嬴 ………………………………………… 85

君氏卒 …………………………………………… 86

滕子薛伯杞伯 …………………………………… 86

闕文 ……………………………………………… 87

夫人孫于齊 ……………………………………… 88

公及齊人狩于禚 ………………………………… 89

整吳書君書大夫 ………………………………… 89

亡國書葬 ………………………………………… 90

許男新臣卒 ……………………………………… 90

禘于太廟用致夫人 ……………………………… 90

及其大夫荀息 …………………………………… 91

邢人狄人伐衞 …………………………………… 91

王入于王城不書 ………………………………… 91

星孛 ……………………………………………… 92

子卒 ……………………………………………… 92

納公孫甯儀行父于陳 …………………………… 92

三國來媵 ………………………………………… 93

殺或不稱大夫 …………………………………… 93

邾子來會公 ……………………………………… 93

葬用柔日	94
諸侯在喪稱子	94
未踰年書爵	95
姒氏卒	95
卿不書族	96
大夫稱子	97
有謚則不稱字	98
人君稱大夫字	98
王貳於虢	99
星隕如雨	99
築郿	99
城小穀	100
齊人殺哀姜	100
微子啓	100
襄仲如齊納幣	101
子叔姬卒	101
齊昭公	101
趙盾弒其君	102
臨于周廟	102
欒懷子	103
子太叔之廟	103
城成周	103
五伯	104
占法之多	105
以日同爲戌	106

天道遠	106
一事兩占	106
春秋言天之學	107
左氏不必盡信	107
列國官名	107
地名	108
昌歜	109
文字不同	110
所見異辭	110
紀履緰來逆女	111
母弟稱弟	111
子沈子	111
穀伯鄧侯書名	112
鄭忽書名	112
祭公來遂逆王后于紀	112
爭門	113
仲嬰齊卒	113
隱十年無正	114
戎菽	114
隕石于宋五	115
王子虎卒	115
穀梁日誤作曰	115
閽人寺人	116
正月之吉	116
木鐸	117

ix

其功緒 …… 118

六牲 …… 118

邦饗耆老孤子 …… 118

醫師 …… 119

造言之刑 …… 120

國子 …… 120

死政之老 …… 120

凶禮 …… 121

不入兆域 …… 121

樂章 …… 122

斗與辰合 …… 124

凶聲 …… 124

八音 …… 125

用火 …… 125

涖戮于社 …… 126

邦朋 …… 126

王公六職之一 …… 127

奠摯見于君 …… 127

主人 …… 127

辭無不腆無辱 …… 127

某子受酬 …… 128

辯 …… 128

須臾 …… 128

飱不致 …… 129

三年之喪 …… 129

繼母如母 …… 133

凡爲所後者之祖父母妻，妻之父母昆弟，昆弟之子若子 …… 133

女子子在室爲父 …… 134

慈母如母 …… 134

出妻之子爲母 …… 135

父卒繼母嫁 …… 135

有適子者無適孫 …… 136

爲人後者爲其父母 …… 136

繼父同居者 …… 137

宗子之母在則不爲宗子之妻服也 …… 137

君之母妻 …… 138

齊衰三月不言曾祖已上 …… 138

兄弟之妻無服 …… 139

先君餘尊之所厭 …… 139

貴臣貴妾 …… 140

外親之服皆緦 …… 140

唐人增改服制 …… 142

報於所爲後之兄弟之子若子 …… 144

庶子爲後者爲其外祖父母從母舅無服 …… 144

考降 …… 144

噫歆 …… 144

毋不敬 …… 145

女子子 …… 145

取妻不取同姓 …… 145

父不祭子夫不祭妻 …… 146

檀弓	147
太公五世反葬于周	148
扶君	149
二夫人相爲服	149
同母異父之昆弟	149
子卯不樂	150
君有饋焉曰獻	151
邾婁考公	151
因國	152
文王世子	152
武王帥而行之	152
用日干支	153
社日用甲	153
不齒之服	154
爲父母妻子長子禫	154
爲殤後者以其服服之	154
庶子不以杖即位	155
婦人不爲主而杖者	155
庶姓別於上	155
愛百姓故刑罰中	156
庶民安故財用足	156
術有序	157
師也者所以學爲君	157
肅肅敬也	158
以其綏復	158

親喪外除兄弟之喪內除	158
十五月而禫	159
妻之黨雖親弗主	159
吉祭而復寢	160
如欲色然	160
先古	160
博愛	160
以養父母日嚴	160
致知	161
顧諟天之明命	161
桀紂帥天下以暴	162
財者末也	162
未有上好仁而下不好義者也	163
君子而時中	163
子路問強	164
鬼神	164
期之喪達乎大夫	165
三年之喪達乎天子	166
達孝	166
思事親不可以不知人	166
誠者天之道也	167
肫肫其仁	167
孝弟爲仁之本	168
察其所安	168
子張問十世	168

媚奧	169
武未盡善	169
朝聞道夕死可矣	169
忠恕	170
夫子之言性與天道	171
變齊變魯	173
博學於文	173
三以天下讓	173
有婦人焉	174
季路問事鬼神	175
不踐迹	175
異乎三子者之撰	175
去兵去食	176
桴盪舟	176
管仲不死子糾	177
予一以貫之	177
君子疾没世而名不稱焉	178
性相近也	178
虞仲	179
聽其言也厲	180
有始有卒者其惟聖人乎	180
梁惠王	180
未有義而後其君者也	181
不動心	182
市朝	182

必有事焉而勿正心	183
文王以百里	183
廛無夫里之布	184
孟子自齊葬於魯	184
其實皆什一也	184
莊嶽	185
古者不爲臣不見	185
公行子有子之喪	186
爲不順於父母	186
象封有庳	186
周室班爵祿	187
費惠公	187
行吾敬故謂之內也	188
以紂爲兄之子	188
才	189
求其放心	189
所去三	189
自視欿然	190
士何事	190
飯糗茹草	191
孟子外篇	191
孟子引論語	192
孟子字樣	192
孟子弟子	192
荼	193

鬋 ·· 195
九經 ·· 195
考次經文 ··· 198

編後記 ·· 201

顧亭林集新序

許嘯天

顧亭林是怎麼樣的人？我先把梁啓超介紹的一段話，先轉介紹在下面：

顧亭林，他是江蘇崑山人；本爲世家，父親同吉，原是先生的叔父，十七歲未婚而死。嬸母王氏，望門守節。同吉死後二年，炎武出世，便承繼給嬸母爲嗣。顧氏本精史學，先生的祖父，尤好掌故，手鈔明代掌故六百餘册；母親王氏，也很有學問，從小教先生讀書，直至成人，先生幼年的學問，得之於母教者爲多。明亡的時候，其母六十餘歲，誓受明代旌表，嚴諭先生勿事二姓，絕食二十七日，便算以身殉國了。先生的人格，受母教的感化很大，故念母最深。《亭林文集》内有一篇《王孺人行狀》，紀述很詳；這篇文章，在清代因忌諱未刻，後來才補刻入集的。據說亭林狀貌甚怪，眼睛內白外黑，和歸莊有"歸奇顧怪"之目。——歸莊便是那個做《萬古愁曲》的歸元恭——據說歸莊晚年，與其妻避居祖塋，自撰一聯曰："安樂之窩，妻太聰明夫太怪；□□□□，人何寥落鬼何多！"[1]可見其怪之一班了。亭林母死不葬，以爲崇禎陵寢未安，不應先葬母，便暫時藁葬起來。其後立圖恢復明室，三年無功，才把母親葬了。集中那篇行狀，便是葬時做的。此後先生在崑山、浙江一帶起義抗清，死者多人，卒未成功。唐王在福建的時候，曾授先生以兵部職方郎中；那時因母未葬，沒有去。這時先生家有個老下人，與里中土豪勾串，告先生與唐王私通；先生聽見這事，星夜趕回，把這下人從家裏挾出來，投到吳淞江裏淹死

---

[1] 根據1923年12月3日的《晨報》副刊，此句爲"人語寥落鬼語多"。——編者註

了。這時葉方靄的老兄正在崑山，便捕住先生，禁在下人家裏。歸元恭聽見這事，趕忙跑到錢牧齋那裏去求救；牧齋在明爲禮部尚書，降清仍爲禮部尚書，人品之卑，先生素來看不上的。這時見先生的要求救於他，便要求非先生具帖拜門不可；歸元恭無法，只得私自替寫了一張門生帖送給錢牧齋。及至先生獄解，聽見這事，非常憤恨；就寫了許多張廣告，黏在街上，表白其誣。此後先生覺得南方不足有爲，卽至黃河一帶盤桓，昌平、玉田一帶，停留最久，最末到了山西，卽死在那裏。先生最善理財，本是富家；明亡，把田賣了出來，徧游北土，結納豪傑；並且到處開墾，淮河南北，及直隸、山、陝一帶，都有先生經營的事業。所以出外飄流五十年之久，得以不貧，桓傳山西票號的章程，便是先生定的；事雖未可盡信，然足見先生的經濟手腕了，此後謁孝陵四次，謁思陵六次；並手繪十三陵圖，示不忘明室之意。先生從三十歲以後，天天跑路，僅攜一弟子，及一馬兩羸；兩羸馱書，先生和弟子，倒換着騎這一匹馬，所過圖其地理，聚退伍老兵，和茶坊酒肆的店夥，談本地掌故。七十多歲，手未釋書。先生的學問，開清代各派學問之先河。先生第一反對空談心性，常說經學卽理學；而其畢生精力，有《日知錄》一書。《日知錄》所記，都是屢經審定之說，價值最大。曾有友人問他："《日知錄》又成幾卷？"先生答道："別來二年，僅得二條。"可見其審愼了！故欲知亭林學術，《日知錄》非看不可。此外欲作未成者，有《天下郡國利病書》一書，係長篇體裁，後人就稿本付刊；又有《肇域志》一種，也是記地方利弊之書，可惜不是足本！餘如《音學五書》，開清代音韻學之先河；《金石文學記》，開清代金石學之先河。此外樂律、算學，皆有論列；在明末清初的學術界，亭林可算得最博大的一人，不過都未臻精到。這是創始難盡善的一種當然的現象，不足爲怪的。

——節錄梁啓超演講《清初五大師學術梗概》

顧亭林集新序

在三百年前的學術界，顧亭林先生可算得一個最博大的人物；他的學問，開清代各派之先河。這是一句最確實的評論。但是他恰巧生在明末清初，受了他母親反清的教訓，使他的才力精神，不銷費在狹隘的功名事業上；得用他的全力傾注在學術著作上，這是造成他博大人格的一個最大的關鍵。雖然說反清事業，不足爲訓——不但是效忠於一姓不足爲訓，便是如今世界上盛行的國家主義也不足爲訓。拙著《曾國藩名言類鈔》的序文裏，有一段說國家主義的道："人類是大同的，原不分色別和國別，祗因爲人類爲求便於整理和保衛起見，纔組織出一個國家來。因爲這樣，我們第一要明白：我們現有雖暫時向國家主義的道路上走去，而我們終究是要向世界制的道路上走去的；再進一步說，我們現在走的國家制的道路，便是將來走向世界制的道路，而世界制的道路纔是我們人類求光明幸福的正道，國家制的道路是我們的假道（兩條道路就是一條）。不過因爲這一條道路太長，不能一天走完，纔把他分作兩天的路程。"——但是顧亭林先生因反清的關係，不得不奔走四海，訪求民間的豪傑，考察各處的地勢，探問地方的風俗，嘗盡亡國人民的辛苦，這裏面又暗暗的養成他將來一番切實應用的學問事業。顧先生開闢出清代實業的大途徑，果然是替學術界可慶賀的事；但是顧先生得生長在亡明的時代，秉承家傳的史學淵源，又得他母親強毅的教訓，這種種機會，造成了顧先生的學術，這尤其是可以替亭林慶賀的地方。可惜啊！自來一般的學者，誰不是受功利主義的束縛？在最強盛的年齡、最充足的腦筋，因爲要博得榜上虛名，便犧牲他一身的精力，去學習那陳文爛卷。那得利的，直到功名顯達以後，纔把他退食的餘暇、垂老的光陰，纔稍稍注意到那經史實用的學問上去；那名場失意下來的，也要歷盡艱苦，纔肯掉過眼光，去拿消閒的態度，或是嘗試的態度，去研究到那考據掌故的學問。因此，中國的學術界，也永遠整理不出一種完全的學問來，也永遠得不到一個學術界的完人。——在這地方，我又免不得把我深受名場荼毒的父親許傳霈的出世說說。我父親是腦力最充足、眼光最銳利的一個人，但因爲環境的逼迫、世俗習慣的潮流，不得不向名場中討生活。可憐他老人家，自從少年時代中了一名秀才以後，便八次入鄉場，終於得不到一個舉人。直到頭髮花白了，纔回過頭來，去向那經史、掌故、小學、考據等切實有用的學問上用功。這十年工夫倒頗有成就，在當時江浙一帶也很享受學者的盛名。他對於各種學問的劄記本子和討論著作的本子，如今藏在家裏的很多很多。祇可惜我父親回頭太晚了，僅僅十年工夫，什麼漢學、宋學、考據、詞章，樣樣都要去摸一摸，樣樣都有一種著作一番整理。再加我們中國的學問是一片荒蕪，寶藏都在地底下，做學問的人好似鑛師一般經過了一番試探的手續，辨明了鑛質的種類，分出統系來，然後採掘，然後鍛鍊，然後享用。但是在中國學術界，做工作的人大都是拿做眞正的學問當作副業看待，倒把那混飯吃的功名都當做正業看待，必要到不得意了或是功名事業上有餘剩下來的工夫，纔去試探試探。因此，永遠不能成功一種完全的學問和完全的學者。從秦漢到宋明時代，犧牲了聰明才力在功名事業上，不得已而再去找尋經史、切實學問；不曾找尋得完全而身死的，也不僅我父親一個。這功名主義的害人實在不淺。——幸而到了明末的時候，很出了一班經史學家；從實用着手，打破了漢儒考據的瑣屑，和宋儒理學的玄虛，而另立一切實於人生有益的史地等學。顧亭林先生，便是其中最重要的一個。這幾位大師，爲什麼肯留心到此？這大概是因國破家亡，淡於名利，便在這經史學問上，寄託他的精神。而顧亭林先生，又因家學的淵源，母氏的教訓，不曾因功名的瑣事，分了他的心；他能夠全始全終，把一生的聰明才力用在學問上，所以纔有這樣的成就；便是他中間奔走國是，也是可以使他增加閱歷，補助學問的一種實驗方法。做學問，原是要實驗的；不能實驗的，算不得是學問；求學問而不實驗的，也算不得是有學問。尤其經史、地理等實用的學問，非經過實驗不可。顧先生雖一般不能挽救明朝的滅亡，但他因爲這一番奔走，在學問上却平添了一番實證的工夫；所以亭林先生的學問，旣不談玄說妙，也不咬文嚼字，他的著作，字字從實驗中得來，尤其是這一部《日知錄》，是顧先生平日做學問工夫的記錄，我們不可不讀。但裏面頗多有不是我們現在求學的人所需要的，或有未臻精到的——套梁先生的話——在我個人以爲可以緩讀的，暫時把他删去。先把經、義、藝、文等四類整理出來，印成集子，供獻給一般讀者，在做學問的時候，拿他做一種參考。本來整部二百萬字的《日知錄》，怕也不是現在腦力需要繁劇的學生所宜讀的。

十五，三，十六，在上海

日知錄節要卷一

經義

三易

夫子言包羲氏始畫八卦，不言作易，而曰："《易》之興也，其於中古乎？"又曰："《易》之興也，其當殷之末世、周之盛德邪？當文王與紂之事邪？"是文王所作之辭，始名爲易；而周官大卜掌三易之法：一曰"連山"，二曰"歸藏"，三曰"周易"。連山、歸藏，非《易》也；而云《易》者，後人因《易》之名以名之也。猶之墨子書言"周之《春秋》，燕之《春秋》、宋之《春秋》、齊之《春秋》"。周、燕、齊、宋之史，非必皆"春秋"也，而云"春秋"者，因魯史之名以名之也。

《左傳·僖十五年》：戰於韓，卜徒父筮之曰吉。其卦遇蠱曰："千乘三去，三去之餘，獲其雄狐。"《成十六年》，戰於鄢陵，公筮之史曰吉。其卦遇《復》曰："南國蹙，射其元，王中厥目。"此皆不用《周易》，而別有引據之辭，即所謂《三易》之法也。而傳不言《易》。

重卦不始文王

大卜掌《三易》之法，其經卦皆八，其別皆六十有四。攷之《左傳·襄公九年》：穆姜遷於束❶宮，筮之，遇《艮》之《隨》。姜曰是於《周易》，曰隨元亨利貞无咎。獨言是于《周易》，則知夏商皆有此卦；而重八卦爲六十四者，不始於文王矣。

---

❶ "束"，當爲"東"。——編者註

朱子周易本義

《周易》自伏羲畫卦，文王作彖辭，周公作爻辭，謂之經；經分上下二篇。孔子作《十翼》，謂之傳；傳分十篇，《彖傳》上下二篇，《象傳》上下二篇，《繫辭傳》上下二，《文言》說卦傳《序卦傳》雜卦傳各一篇。自漢以來，爲費、直鄭、元王弼所亂；取孔子之言，逐條附於卦爻之下。程正叔傳因之，及朱元晦《本義》，始依古文。故於《周易·上經》條下云："中間頗爲諸儒所亂，近世晁氏始正其失，而未能盡合古人。"呂氏又更定著爲經二卷、傳十卷，乃復孔氏之舊云。洪武初，頒五經天下儒學，而《易》兼用，程朱二氏亦各自爲書。永樂中修《大全》，乃以朱子卷次，割裂附之程傳之後；而朱子所定之古文，仍復淆亂。"彖既文王所繫之辭，傳者孔子所以釋經之辭也，後凡言傳倣此。"此乃《彖·上傳》條下義，今乃削"彖上傳"三字，而附于"大哉乾元"之下。"象者卦之上下兩象，及兩象之六爻，周公所繫之辭也。"乃《象·上傳》條下義，今乃削"象上傳"三字，而附于"天行健"之下。"此篇申彖傳、象傳之意，以盡《乾》《坤》二卦之蘊，而餘卦之說因可以例推云。"乃《文言》條下義，今乃削"文言"二字，而附於"元者善以長也"之下。其"彖曰""象曰""文言曰"字，皆朱子本所無，復依程傳添入；後來士子，厭程傳之多，棄去不讀，專用《本義》。而《大全》之本，乃朝廷所頒，不敢輒改，遂卽監版傳義之本，刊去程傳，而以程之次序爲朱之次序，相傳且二百年矣。惜乎朱子定正之書，竟不得見於世，豈非此經之不幸也夫！

朱子記嵩山晁氏卦爻彖象說，謂："古經始變於費氏，而卒大亂於王弼。"此據孔氏《正義》曰："夫子所作象辭，元在六爻經辭之後，以自卑退，不敢干亂先聖正經之辭。"王輔嗣之意以爲象者本釋經文，宜相附近，其義易了；故分爻之象辭，當附其各爻下。如杜元凱注《左傳》，分經之年，與傳相附，故謂連合。經傳始於輔嗣，不知其實本於康成也。《魏志》：高貴鄉公幸太學，問博士淳于俊曰："孔子作彖象，鄭元❶作注，其釋經義一也；今彖象不與經文相連，而注連之何也？"俊對曰："鄭元合彖象於經者，欲使學者尋省易了也。"帝曰："若合之於學誠便，則孔子曷爲不合以了學者乎？"俊對曰："孔子恐其與文王相亂，是以不合，此聖人以不合爲謙。"帝曰："若聖人以不合爲謙，則鄭元何獨不謙邪？"俊對曰："古義宏深，聖問奧遠，非臣所能詳盡。"是則康成之書巳❷先合之，不自輔嗣始矣。乃《漢書·儒林傳》云："費直治《易》，無章句，徒以彖、象、繫辭、文言解說上下經。"則以傳附經又不自康成始。朱子記晁氏說，謂初亂古制時，猶若今之《乾卦》；蓋自《坤》以下，皆依此。後人又散之各爻之下，而獨存《乾》一卦，以見舊本相傳之樣式耳。愚嘗以其說推之，今《乾卦》："彖曰"爲一條，"象曰"爲一條，疑此費直所附之原本也。坤卦以小象散於各爻之下，其爲"象曰"者八，餘卦則爲"象曰"者七，此鄭元所連高貴鄉公所見之本也。

程傳雖用輔嗣本，亦言其非古《易》。《咸》："九三，咸且股亦不處也。"傳曰："云'亦者'，蓋象辭，本不與《易》相比，自作一處；故諸爻之象辭意有相續者，此言'亦'者承上爻辭也。"

秦以焚書而五經亡，本朝以取士而五經亡，今之爲科舉之學者，大率皆帖括熟爛之言，不能通知大義者也。而《易》《春秋》尤爲繆盭：以

---

❶ "鄭元"，即鄭玄，因避清康熙玄燁名諱而改。此外，底本還有避清雍正、乾隆名諱而改"胤"作"允"、改"弘"作"宏"的情況，皆保留底本原貌。——編者註

❷ "巳"，當爲"已"。原書中有不少"己""已""巳"混用的情況，以下徑改，不一一出註。——編者註

象傳合太象，以大象合爻，以爻合小象；二必臣，五必君，陰卦必云小人，陽卦必云君子。於是此一經者爲拾瀋之書，而《易》亡矣！取胡氏傳一句兩句爲旨，而以經事之相類者合以爲題；傳爲主經爲客，有以彼經證此經之題，有用彼經而隱此經之題，於是此一經者，爲射覆之書，而《春秋》亡矣！復程朱之書以存《易》，備三傳啖趙諸家之說以存《春秋》，必有待於後之興文教者。

卦爻外無別象

聖人設卦觀象而繫之辭，若文王、周公是已。夫子作傳，傳中更無別象；其所言卦之本象，若天、地、雷、風、水、火、山、澤之外，惟《頤》中有物，本之卦名，有飛鳥之象。本之卦辭而夫子未嘗增設一象也。苟爽、虞翻之徒，穿鑿附會，象外生象；以同聲相應爲《震》《巽》，同氣相求爲《艮》《兌》，水流濕火就燥爲《坎》《離》，雲從龍則曰《乾》爲龍，風從虎則曰《坤》爲虎。十翼之中，無語不求其象，而《易》之大指荒矣！豈知聖人立言取譬，固與後之文人同其體例，何嘗屑屑於象哉？王弼之注，雖涉於元虛，然已一掃《易》學之榛蕪而開之大路矣。不有程子，大義何由而明乎？

《易》之互體卦變，《詩》之叶韻，《春秋》之例月日，經說之繚繞碎破於俗儒者多矣！文中子曰：“九師興而《易》道微，三傳作而《春秋》散。”

卦變

卦變之說，不始於孔子；周公繫損之六三，已言之矣。曰：“三人行則損一人，一人行則得其友。"是六子之變，皆出於《乾》《坤》，無所謂自《復》《姤》《臨》《遯》，而來者當從程傳。

互體

凡卦爻二至四、三至五，兩體交互，各成一卦，先儒謂之互體；其說已見於《左氏·莊公二十二年》，陳侯筮，遇《觀》之《否》，曰："風爲天於土上山也。"注"自二至四有艮象，艮爲山"是也。然夫子未嘗及之。後人以雜物撰德之語當之，非也。其所論二與四、三與五，同功而異位；特就兩爻相較言之，初何嘗有互體之說？

《晉書》：荀顗嘗難鍾會《易》無互體，見稱於世，其文不傳。新安王炎晦叔嘗問張南軒曰："伊川令學者先看王輔嗣、胡翼之、王介甫三家《易》，何也？"南軒曰："三家不論互體故爾。"

朱子《本義》不取互體之說，惟《大壯》六五云："卦體似《兌》，有羊象焉。"不言"互"而言"似"，似者，合兩爻爲一爻，則似之也。然此又剏先儒所未有，不如言互體矣。《大壯》自三至五成《兌》，《兌》爲羊，故爻辭並言羊。

六爻言位

《易》傳中言位者有二義：列貴賤者存乎位，五爲君位，二、三、四爲臣位，故皆曰同功而異位；而初上爲無位之爻，譬之於人，初爲未仕之人，上則隱淪之士，皆不爲臣也。故《乾》之上曰"貴而无位"，《需》之上曰"不當位"。若以一卦之體言之，則皆謂之位，故曰"六位時成"，曰"《易》六位而成章"。是則卦爻之位，非取象於人之位矣。此意已見於王弼《略例》，但必強彼合此，而謂初上無陰陽定位，則不可通矣。《記》曰："夫言豈一端而已夫，各有所當也。"

九二君德

爲人臣者，必先具有人君之德，而後可以堯舜其君；故伊尹之言曰："惟尹躬暨湯，咸有一德。"武王之誓亦曰："予有亂臣十人，同心同德。"

師出以律

以湯武之仁義爲心，以桓文之節制爲用，斯之謂律；律卽卦辭之所謂貞也。《論語》言"子之所愼"者，戰長勺以詐而敗齊，泓以不禽二毛而敗於楚，《春秋》皆不予之。故先爲不可勝以待敵之可勝，雖三王之兵，未有易此者也。

旣雨旣處

陰陽之義，莫著於夫婦，故爻辭以此言之。《小畜》之時，求如任、姒之賢，二南之化，不可得矣。陰畜陽，婦制夫，其畜而不和，猶可言也。三之反目，隋文帝之於獨孤后也。旣和而惟其所爲，不可言也。上之旣雨，猶高宗之於武后也。

武人爲於大君

　　武人爲於大君，非武人爲大君也；知《書》"予欲宣力四方，汝爲"之"爲"六三，才弱志剛，雖欲有爲而不克濟。以之履虎，有咥人之凶也。惟武人之效力於其君，其濟則君之靈也，不濟則以死繼之。是當勉爲之而不可避耳。故有斷脰決腹，一瞑而萬世不視，不知所益以憂社稷者，莫敖大心是也。過涉之凶，其何咎哉？

自邑告命

　　人主所居謂之邑。《詩》曰："商邑翼翼，四方之極。"《書》曰："惟尹躬先見於西邑。"夏曰："惟臣附於大邑周。"曰："作新大邑於東國。"洛。曰："肆予敢求爾於天邑商。"《白虎通》曰："夏曰夏邑，商曰商邑，周曰京師"是也。《泰》之上六，政教陵夷之後，一人僅亦守府，而號令不出於國門，於是焉而用師則不可。君子處此，當守正以俟時而已。桓王不知此也，故一用師而祝聃之矢遂中王肩；唐昭宗不知此也，故一用師而邠岐之兵屯直犯闕下。然則保泰者可不豫爲之計哉？

　　《易》之言邑者，皆內治之事。《夬》曰：告自邑如康王之命，畢公彰善癉惡，樹之風聲者也。《晉》之上九曰維用伐邑，如王國之大夫。大車檻檻，毳衣如菼，國人畏之而不敢奔者也。其爲自治，則同皆聖人所取也。

成有渝无咎

昔穆王欲肆其心，周行天下，將皆必有車馬轍迹焉。祭公謀父作《祈招》之詩以止王心，王是以獲殁於祇宮。《傳》曰："人誰無過，過而能改，善莫大焉。"聖人慮人之有過不能改之於初，且將遂其非而不反也。教之以成，有渝无咎；雖其漸染之深，放肆之久，而惕然自省，猶可以不至於敗亡。以視夫迷復之凶，不可同年而論矣，故曰："惟狂克念作聖。"

童觀

其在政教，則不能是訓是行；以近天子之光，而所司者籩豆之事。其在學術，則不能知類通達；以幾《大學》之道，而所習者佔畢之文。樂詩辨乎聲師，故化面而弦；宗祝辨乎宗廟之體，故後尸商；祝辨乎喪禮，故後主人，小人則无咎也。有大人之事，有小人之事，"雖小道，必有可觀者焉"。"致遠恐泥"，故君子爲之則吝也。

不遠復

《復》之初九，動之初也。自此以前，喜、怒、哀、樂之未發也，至一陽之生而動矣。故曰："《復》，其見天地之心乎？"顏子體此，故有："不善未嘗不知，知之未嘗復行。"此慎獨之學也。回之爲人也，擇乎中庸，夫亦擇之於斯而已，是以不遷怒、不貳過。

其在凡人，則《復》之初九，日夜之所息，平旦之氣，其好惡與人相近也者幾希。苟其知之，則擴而充之矣。故曰："《復》，小而辨於物。"

不耕穫不菑畬

楊氏曰："初九動之始，六二動之繼。"是故初耕之，二穫之；初菑之，二畬之。天下無不耕而穫、不菑而畬者，故曰不耕不菑，則耕且菑，前人之所已爲也。昔者，周公毖殷頑民，遷於洛邑，密邇王室，既歷三紀，世變風移。而康王作《畢命》之書曰："惟周公克愼厥始，惟君陳克和厥中，惟公克成厥終。"是故有周之治，垂拱仰成而無所事矣。周監於二代，郁郁乎文哉！而孔子之聖，但曰："述而不作""信而好古"。又曰："文武之道，未墜於地，在人。"是故六經之業，集羣聖之大成而無所剙矣。雖然，業有始之作之者，而無終之述之者。是耕而不穫、菑而不畬也，其功爲弗竟矣！六二之柔順中正，是能穫能畬者也，故利有攸往也。未富者，因前人之爲而不自多也，猶不富以其鄰之意。

天在山中

張湛注《列子》曰："自地以上皆天也。"故曰："天在山中。"

罔孚裕无咎

君子信而後諫，未信則以爲謗已也；而況初之居下位，未命於朝者乎？孔子嘗爲委吏矣，曰："會計當而已矣！"嘗爲乘田矣，曰："牛羊茁壯，長而已矣！"此所謂裕无咎也。若受君之命而任其事，有官守者不得其職則去，有言責者不得其言則去矣。

有孚於小人

君子之於小人也，有知人則哲之明，有去邪勿疑之斷。堅如金石，信如四時；使憸壬之類，皆知上志之不可移，豈有不革面而從君者乎？所謂"有孚於小人者"如此。

損其疾使遄有喜

損不善而從善者，莫尚乎剛，莫貴乎速。初九曰"已事遄往"，六四曰"使遄有喜"。四之所以能遄者，賴初之剛也。周公思兼三王，以施四事，其有不合者，仰而思之，夜以繼日；幸而得之，坐以待旦。子路有聞未之能行，惟恐有聞，其遄也至矣。文王之勤日昃，大禹之惜寸陰，皆是道也。君子進德修業，欲及時也；故爲政者，玩歲而愒日，則治不成；爲學者日邁而月征，則身將老矣。

召公之戒成王曰："宅新邑，肆惟王其疾敬德。"疾之爲言，遄之謂也。故曰："雞鳴而起，孳孳爲善。"

上九弗損益之

有天下而欲厚民之生，正民之德，豈必自損以益人哉？"不違農時，穀不可勝食也；數罟不入洿池，魚鼈不可勝食也；斧斤以時入山林，材木不可勝用也。"所謂"弗損益之"者也。"皇建其有極，斂時五福，用敷錫厥庶民"。《詩》曰："奏格無言，時靡有爭。"是故君子不賞而民勸，不怒而民威於鈇鉞，所謂弗損益之者也。以天下爲一家，中國爲一人，其道在是矣。

利用爲依遷國

在無事之國而遷，晉從韓獻子之言而遷於新田是也；在有事之國而遷，楚從子西之言而遷於鄀是也：皆中行、告公之益也。

姤

天下之生久矣，一治一亂，盛治之極而亂萌焉，此一陰遇五陽之卦也。孔子之門，四科十哲，身通六藝者，七十有二人；於是刪《詩》《書》，定《禮》《樂》，贊《周易》，修《春秋》。盛矣！而《老》《莊》之書，即出於其時。後漢立辟雍，養三老，臨白虎，論五經，大學諸生至三萬人；而三君、八俊、八顧、八及、八廚爲之稱首。馬、鄭、服、何之注，經術爲之大明，而佛道之教即興於其世。是知邪說之作，與世升降，聖人之所不能除也。故曰繫于金柅，柔道牽也。嗚呼，豈獨君子小人之辨而已乎！

包无魚

國，猶水也；民，猶魚也。幽王之詩曰："魚在于沼，亦匪克樂；潛雖伏矣，亦孔之昭。憂心慘慘，念國之爲虐！"秦始皇八年，河魚大上。《五行志》以爲魚陰類，民之象也；逆流而上，言民不從君爲逆行也。自人君有求多於物之心，於是魚亂於下，鳥亂於上；而人情之所嚮，必有起而收之者矣。

以杞包瓜

劉昭《五行志》曰："瓜者外延離本而實，女子外屬之象。"一陰在下，如瓜之始生，勢必延蔓而及於上。五以陽剛居尊，如樹杞然，使之無所緣而上。故曰"以杞包瓜"。孔子曰："惟女子與小人難養也。"顰笑有時，恩澤有節，器使有分，而國之大防不可以踰，何有外戚、宦官之禍乎？

己日

《革》己日乃孚，六二，己日乃革之。朱子《發讀》爲戌[1]己之己。天地之化，過中則變，日中則昃，月盈則食；故《易》之所貴者中，十干則戊己爲中，至於己則過中而將變之時矣。故受之以庚，庚者更也。天下之事過中而將變之時，然後革而人信之矣。古人有以己爲變改之義者。《儀禮·少牢饋食禮》"日用丁巳"注："內事用柔，日必丁巳者，取其令名自丁甯自變改，皆爲謹敬。"而《漢書·律曆志》亦謂"理紀於己，斂更於庚"是也。王弼謂"即日不孚，己日乃孚"。以己爲"已事遄往"之已，恐未然。

---

[1] "戌"，當爲"戊"。原書中有"戌""戍""戊"混用的情況以下徑改，不一一出註。——編者註

19

改命吉

《革》之九四，猶《乾》之九四；諸侯而進乎天子，湯武革命之吉也。故曰："改命，吉。"成湯放桀於南巢，惟有慚德，是有悔也；天下信之，其悔亡矣。四海之內，皆曰非富天下也，爲匹夫匹婦復讎也。故曰信志也。

艮

"毋意，毋必，毋固，毋我"，"艮其背，不獲其身"也。"富貴不能淫，貧賤不能移，威武不能屈"，"行其庭不見其人"也。

艮其限

學者之患，莫甚乎執一而不化；及其施之於事，有扞格而不通，則忿懥生而五情瞀亂。與衆人之滑性而棼和者，相去蓋無幾也。孔子惡果敢而窒者，非獨處事也，爲學亦然；告子不動心之學，至於不得於言，勿求於心；而孟子以爲其弊，必將如蹶趨者之反動其心，此"艮其限，列其夤"之說也。君子之學不然，廓然而大公，物來而順應；故聞一善言，見一善行，若决江河，沛然莫之能禦，而無熏心之厲矣。

慈谿黃氏《日鈔》曰："心者，吾身之主宰，所以治事，而非治於事。惟隨事謹省，則心自存，不待治之而後齊一也。孔子之教人曰：'居處恭，執事敬，與人忠。'曾子曰：'吾日三省吾身：爲人謀而不忠乎？與朋友交而不信乎？傳不習乎？'不待言心而自貫通於動靜之間者也。孟子不幸，當人欲橫流之時，始單出而爲求放心之說。然其言曰：'君子以仁存心，以禮存心。'則心有所主，非虛空以治之也。至於齋心服形之老莊，一變而爲坐脫立忘之禪學；乃始瞑目靜坐，日夜仇視其心而禁治之。及治之愈急而心愈亂，則曰：'易伏猛獸，難降寸心。'嗚呼！人之有心，猶家之有主也；反禁切之使不得有爲，其不能無擾者勢也。而患心難降歟？"又曰："夫心之說有二：古人之所謂存心者，存此心於當用之地也；後世之所謂存心者，攝此心於空寂之境也。造化流行，無一息不運；人得之以爲心，亦不容一息不運。心豈空寂無用之物哉？世乃有游手浮食之徒，株坐攝念，亦曰存心；而士大夫溺於其言，亦將遺落世事，以獨求其所謂心。迫其心迹冰炭，物我參商，所謂老子之弊，流爲申、韓者，一人之身，已兼備之。而欲尤人之不我應得乎？"此皆足以發明"厲熏心"之義，乃周公已先繫之於《易》矣。

鴻漸于陸

"上九，鴻漸于陸，其羽可用爲儀，吉。"安定胡氏改陸爲"逵"，朱子從之，謂合韻非也。《詩》"儀"字凡十見，皆音牛何反，不得與逵爲叶。而雲路亦非可翔之地，乃當作"陸"爲是。是漸至於陵而止矣，不可以更進，故反而之陸。古之高士，不臣天子，不友諸侯，而未嘗不踐其土、食其毛也。其行高於人君，而其身則與一國之士偕焉而已。此所以居九五之上，而與九三同爲陸象也。朱子發曰："上所往進也，所反亦進也，漸至九五極矣。是以上反而之三。"楊廷秀曰："九三下卦之極，上九上卦之極，故皆曰陸。自木自陵而復至於陸，以退爲進也。巽爲進退。"其說並得之。

君子以永終知敝

讀《新臺》《桑中》《鶉奔》之詩，而知衛有狄滅之禍；讀《宛丘》《東門》《月出》之詩，而察陳有徵舒之亂。書"齊侯送姜氏於讙"，而卜桓公之所以薨；書"夫人姜氏入"，書大夫宗歸覿，用幣，而兆子般、閔公之所以弒。昏姻之義，男女之節，君子可不慮其所終哉！

鳥焚其巢

人主之德，莫大乎下人。楚莊王之圍鄭也，而曰："其君能下人，必能信用其民矣。"故以禹之征苗，而伯益贊之，獨以"滿招損謙受益"爲戒。班師者，謙也；用師者，滿也。上九處卦之上離之極，所謂"有鳥高飛，亦傅于天"者矣。居心以矜而不聞諫爭之論，菑必逮夫身者也。魯昭公之伐季孫意如也，請待於沂上以察罪，弗許；請囚於費，弗許；請以五乘亡，弗許。於是叔孫氏之甲興，而揚州次乾侯喧矣。"鸜鵒鸜鵒，往歌來哭。"其此爻之占乎？

巽在牀下

上九之"巽在牀下"，恭而無禮，則勞也；初六之"進退"，愼而無禮，則葸也。

翰音登于天

羽翰之音，雖登于天，而非實際。如莊周《齊物》之言，騶衍怪迂之辯，其高過於《大學》，而無實者乎。以視車服傅於弟子，弦歌徧於魯中，若鶴鳴而子和者，孰誕孰信，夫人而識之矣。永嘉之亡，大清之亂，豈非談空空、覈元元者有以致之哉？翰音登于天，中孚之反也。

山上有雷小過

山之高峻，雲雨時在其中間而不能至其巔也。故《詩》曰："殷其靁，在南山之側。"或下在山之側，而不必至其巔；或高所以爲小過也。然則《大壯》言雷在天上何也？曰：自地以上，皆天也。

妣

《爾雅》："父曰考，母曰妣。"愚攷古人自祖母以上，通謂之妣；經文多以妣對祖而並言之。若《詩》之云"似續妣祖""烝畀祖妣"，《易》之云"過其祖，遇其妣"是也。《左傳·昭十年》："邑姜，晉之妣也。"平公之去邑姜，蓋二十世矣，"過其祖，遇其妣，"據文義妣當在祖之下；"不及其君，遇其臣"，臣則在君之下也。昔人未論其義，周人以姜嫄爲妣；《周語》謂之皇妣太姜，是以妣先乎祖。《周禮》大司樂，享先妣在享先祖之前。而《斯干》之詩曰："似續妣祖。"箋曰："妣，先妣姜嫄也；祖，先祖也。"或乃謂變文以協韻，是不然矣。或《易》曰爻何得及此夫？帝乙《歸妹》，箕子之《明夷》，王用亨于岐山，爻辭屢言之矣。

《易》本《周易》，故多以周之事言之。《小畜》卦辭，"密雲不雨，自我西郊"。《本義》："我者，文王自我也。"

東鄰

馭得其道，則天下皆爲之臣；馭失其道，則疆而擅命者謂之鄰。臣哉鄰哉！鄰哉臣哉！

《漢書·郊祀志》，引此師古注："東鄰，謂商紂也；西鄰，謂周文王也。"

游魂爲變

精氣爲物，自無而之有也；游魂爲變，自有而之無也。夫子之答宰我曰："骨肉斃於下，陰爲野上，其氣發揚；於上爲昭，明焄蒿悽愴。"所謂游魂爲變者，情狀具於是矣。延陵季子之葬其子也，曰骨肉歸復于上，命也。若魂氣則無不之也，無不之也。張子《正蒙》有云："太虛不能無氣，氣不能不聚而爲萬物；萬物不能不散而爲太虛：循是出入，是皆不得已而然也。然則聖人盡道其間，兼體而不累者，存神其至矣，其精矣乎？"

鬼者，歸也。張子曰："氣之爲物，散入無形，適得吾體，此之謂歸。"

陳無已以游魂爲變，爲輪迴之變。呂仲木辨之曰："長生而不化則人多，世何以容？長死而不化，則鬼亦多矣。夫燈熄而然，非前燈也；雲霓而雨，非前雨也。死復有生，豈前生邪？"

邵氏《簡端錄》曰："聚而有體謂之物，散而無形謂之變。唯物也，故散必於其所聚；唯變也，故聚不必於其所散。是故聚以氣聚，散以氣散；昧於散者其說也佛，荒於聚者其說也僊。"

盈天地之間者，氣也；氣之盛者爲神。神者，天地之氣而人之心也。故曰："視之而弗見，聽之而弗聞，體物而不可遺。使天下之人，齋明盛服，以承祭祀；洋洋乎如在其上，如在其左右。"聖人所以知鬼神之情狀者如此。

"維嶽降神，生甫及申"，非有所托而生也。"文王在上，於昭于天"，非有所乘而去也。此鬼神之實而誠之不可揜也。

通乎晝夜之道而知

日往月來，月往日來，一日之晝夜也；寒往暑來，暑往寒來，一歲之晝夜也；小往大來，大往小來，一世之晝夜也。子在川上曰："逝者如斯夫！不舍晝夜。"通乎晝夜之道而知，則"終日乾乾，與時偕行"，而有以盡乎《易》之用矣！

繼之者善也，成之者性也

"維天之命，於穆不已"，繼之者善也。"天下雷行，物與无妄"，成之者性也。是故"天有四時，春秋冬夏，風雨霜露，無非教也；地氣載神，神氣風霆，風霆流形，庶物露生，無非教也"。

"天地絪縕，萬物化醇"，善之爲言猶醇也。曰何以謂之善也？曰"誠者，天之道也"，豈非善乎？

形而下者謂之器

形而上者謂之道，形而下者謂之器，非器則道無所寓。説在孔子之學琴於師襄也。已習其數，然後可以得其志；已習其志，然後可以得其爲人。是雖孔子之天縱，未嘗不求之象數也。故其自言曰："下學而上達。"

垂衣裳而天下治

垂衣裳而天下治，變質而之文也，自黃帝、堯、舜始也；故於此有通變民宜之論。

過此以往未之或知也

人之爲學，亦有病於憧憧來往者；故天下之不助苗長者，寡矣！過此以往，未之或知也。居之安，則資之深；資之深，則取之左右逢其原。

困德之辨也

內文明而外柔順，其文王之困而亨者乎？不怨天，不尤人，下學而上達，其孔子之困而亨者乎？故在陳之戹，絃歌之志，顏淵知之；子路、子貢之徒，未足以達此也。故曰："困，德之辨也。"

凡易之情

愛惡相攻，遠近相取，情僞相感，人心之至變也。於何知之？以其辭知之。將叛者其辭慚，中心疑者其辭枝，吉人之辭寡，躁人之辭多，誣善之人其辭游，失其守者其辭屈：聽其言也，觀其眸子，人焉廋哉！是以聖人設卦以盡情僞，夫誠於中必形於外，君子之所以知人也。百物而爲之備，使民知神姦，先王之所以鑄鼎也。故曰："作《易》者，其有憂患乎？"周身之防，御物之智，其全於是矣。

易逆數也

數往者順，造化人事之迹，有常而可驗，順以攷之於前也；知來者逆，變化云爲之動，日新而無窮，逆以推之於後也。聖人神以知來，知以藏往；作爲《易》書，以前民用，所設者未然之占，所期者未至之事，是以謂之逆數。雖然，若不本於八卦已成之迹，亦安所觀其會通而繫之爻象乎？是以天下之言性也，則故而已矣。

劉汝佳曰："天地間，一理也：聖人因其理而畫爲卦以象之，因其象而著爲變以占之。"象者體也，象其已然者也；占者用也，占其未然者也。已然者爲往，往則有順之之義焉；未然者爲來，來則有逆之之義焉。如象天而畫爲《乾》，象地而畫爲《坤》，象雷風而畫爲《震》《巽》，象水火而畫爲《坎》《離》，象山澤而畫爲《艮》《兑》：此皆觀變於陽陰，而立卦發揮於剛柔而生爻者也。不謂之數往者順乎？如筮得《乾》，而知"乾，元亨利貞"；筮得《坤》，而知"乾[1]元享，利

---

[1] "乾"，當爲"坤"。——編者註

牝馬之貞"；筮得《震》，而知"震亨，震來虩虩，笑言啞啞"；筮得《巽》，而知"巽，小亨，利有攸往，利見大人"；筮得《坎》，而知"習坎有孚，維心亨，行有尚"；筮得《離》，而知"離利貞亨，畜牝牛吉"；筮得《艮》，而知"艮其背，不獲其身，行其庭，不見其人"；筮得《兌》，而知"兌亨，利貞"，此皆通神明之德，類萬物之情者也。不謂之知來者逆乎夫？其順數已往，正所以逆推將來也。孔子曰："殷因於夏禮，所損益，可知也；周因於殷禮，所損益，可知也。"數往者順也。其"或繼周者，雖百世可知也"，知來者逆也。故曰："易逆數也。"若如邵子之說，則是羲、文之《易》，已判爲二；而又以《震》《離》《兌》《乾》爲數已生之卦，《巽》《坎》《艮》坤爲推未生之卦，殆不免強孔子之書以就己之說矣！

説卦雜卦互文

雷以動之，風以散之，雨以潤之，日以暄之，《艮》以止之，《兌》以說之，《乾》以君之，《坤》以藏之；上四舉象，下四舉卦，各以其切於用者言之也。終萬物始萬物者，莫盛乎《艮》。崔憬曰："《艮》不言山，獨舉卦名者，以動撓燥潤功，是風雷水火至於終始，萬物於山，義則不然。故舍象而言卦，各取便而論也得之矣。"

古人之文，有廣譬而求之者，有舉隅而反之者。"今夫山，一卷石之多；今夫水，一勺之多。"天地之外復言山水者，意有所不盡也。《坤》也者，地也，不言西南之卦；《兌》，正秋也，不言西方之卦。舉六方之卦而見之也，意盡於言矣。虞仲翔以爲坤道廣布，不主一方，及兌象不見西者妄也。

《豐多》故，親寡《旅》也；先言親寡，後言旅以協韻也。猶《楚辭》之"吉日兮辰良"也。虞仲翔以爲別有義，非也。

兑爲口舌

《兑》爲口舌，其於人也，但可以爲巫爲妾而已；以言說人，豈非妾婦之道乎？

凡人於交友之間，口惠而不實至，則其出而事君也，必至於靜言庸違。故舜之於臣也，敷奏以言，明試以功；而孔子之於門人，亦聽其言而觀其行。

《唐書》言韋貫之自布衣爲相，與人交，終歲無款曲，未嘗僞辭以悅人，其賢於今之人遠矣！

序卦雜卦

《序卦》《雜卦》皆旁通之說，先儒疑以爲非夫子之言。然《否》之大往小來，承《泰》之小往大來也；《解》之利西南，承《蹇》之利西南不利東北也，是文王已有相受之義也。《益》之六二，卽《損》之六五也。其辭皆曰："十朋之龜，《姤》之九三，卽《夬》之九四也。"其辭皆曰"臀无膚"，《未濟》之九四，卽《既濟》之九三也。其辭皆曰："伐鬼方。"是周公已有反對之義也。必謂六十四卦皆然，則非《易》書之本意。或者夫子嘗言之而門人廣之，如《春秋·哀十四年》"西狩獲麟"以後續經之作耳。

晉晝也，明夷誅也

蘇氏曰："'晝日三接'，故曰晝；'得其大首'"。故曰："誅。《晉》當文明之世,羣后四朝,而車服以庸,揖讓之事也。《明夷》逢昏亂之時,取彼凶殘而殺伐用張,征誅之事也。"一言畫,一言誅,取其音協爾。

孔子論《易》

孔子論《易》,見於《論語》者,二章而已。曰:"加我數年,五十以學易,可以無大過矣!"曰:"南人有言曰:'人而無恆,不可以作巫醫。'善夫,不恆其德,或承之羞!子曰:'不占而已矣!'"是則聖人之所以學《易》者,不過庸言庸行之間,而不在乎圖書象數也。今之穿鑿圖象以自爲能者畔也!

《記》者於夫子學《易》之言,而卽繼之曰:"子所雅言,詩書執禮,皆雅言也。"是知夫子平日不言《易》而其言詩書執禮者,皆言《易》也。人苟循乎詩書執禮之常而不越焉,則自天祐之,吉无不利矣。故其作《繫辭傳》,於"悔吝元咎"之旨,特醇諄焉;而《大象》所言,凡其體之於身,施之於政者,無非用《易》之事。然辭本乎象,故曰:"君子居則觀其象,而玩其辭。"觀之者淺,玩之者深矣。其所以與民同患者,必於辭焉著之。故曰:"聖人之情,見乎辭。"若"天一地二""易有太極"二章,皆言數之所起,亦贊《易》之所不可遺,而未嘗專以象數教人爲學也。是故"出入以度无有師保,如臨父母",文王、周公、孔子之《易》也;希夷之圖、康節之書,道家之易也。自二子之學興而空疏之人、迂怪之士,舉竄迹於其中以爲《易》;而其《易》爲方術之書,於聖人寡過反身之學,去之遠矣!

《詩》三百,一言以蔽之曰:'思無邪。'"《易》六十四卦,三百八十四爻,一言以蔽之曰:"不恆其德,或承之羞。"夫子所以思得見夫有恆也,有恆然後可以無大過。

七八九六

《易》有七、八、九、六，而爻但繫九、六者，舉隅之義也。故發其例於《乾》《坤》二卦，曰"用九""用六"，用其變也。亦有用其不變者：《春秋傳》穆姜遇《艮》之八，《晉語》董因得《泰》之八是也。今即以《艮》言之，二爻獨變，則名之六；餘爻皆變，而二爻獨不變，則名之八。是知《乾》《坤》亦有用七、用八時也。《乾》爻皆變而，初獨不變，曰："初七，潛龍勿用。"可也。《坤》爻皆變，而初獨不變，曰："初八，履霜，堅冰至。"可也。占變者其常也，占不變者其反也；故聖人繫之九六。歐陽永叔曰："《易》道占其變，故以其所占者名爻；不謂六爻皆九六也。"得之矣！

趙汝楳《易輯聞》曰："揲蓍策數，凡得二十八，雖爲《乾》，亦稱七；凡得三十二，雖爲《坤》，亦稱八。"

楊彥齡《筆錄》曰："楊損之，蜀人，博學善稱說。余嘗疑《易》用九、六，而無七、八。損之云：'卦畫七八，爻稱九六。'"

《乾》之策二百一十有六。《坤》之策百四十有四，亦是舉九六以該七八也。朱子謂七八之合，亦三百有六十也。

卜筮

舜曰："官占惟先，蔽志昆命于元龜。"《詩》曰："爰始爰謀，爰契我龜。"《洪範》曰："謀及乃心，謀及卿士，謀及庶人，謀及卜筮。"孔子之贊《易》也，亦曰："人謀鬼謀。"夫庶人至賤也，而猶在蓍龜之前。故盡人之明而不能決，然後謀之鬼焉。故古人之於人事也，信而有功；於鬼也，嚴而不瀆。

　　子之必孝，臣之必忠，此不待卜而可知也。其所當爲，雖凶而可避也。故曰："欲從靈氛之吉占兮，心猶豫而狐疑！"又曰："用君之心，行君之意。"龜策誠不能知此事。善哉屈子之言，其聖人之徒歟？

　　《卜居》，屈原自作，設爲問答以見此心，非鬼神吉凶之所得而移耳。王逸《序》乃曰："心迷意惑，不知所爲，往至太卜之家，決之蓍龜，冀聞異策，以定嫌疑。"所與屈子之旨，大相背戾矣！洪興祖補注曰："此篇，上句皆原所從，下句皆原所去，時之人去其所當從，從其所當去。其所謂凶，乃原所謂凶也。"可謂得屈子之心者矣！

　　《禮記·少儀》問卜筮曰："義與志與義則可，問志則否。子孝臣忠，義也；違害就利，志也。卜筮者，先王所以教人去利懷仁義也。"石駘仲卒，無適子，有庶子六人，卜所以爲後者，曰："沐浴佩玉則兆。"五人者，皆沐浴佩玉。石祁子曰："孰有執親之喪而沐浴佩玉者乎？"不沐浴佩玉石祁子兆。衛人以龜爲有知也，南蒯將叛，枚筮之，遇《坤》之《比》，曰："黃裳元吉子服。"惠伯曰："忠信之事則可，不然必敗。外彊內溫忠也，和以率貞信也。故曰黃裳元吉。黃，中之色也；裳，下之飾也；元善之長也。中不忠不得其色，下不共不得其飾，事不善不得其極。且夫《易》不可以占險，猶有闕也；筮雖吉，未也。"南蒯果敗。是以嚴君平之卜筮也，與人臣言依於忠。而高允亦有筮者當附象爻，勸以忠孝之論，其知卜筮之旨矣！

　　《申鑒》：或問卜筮曰："德斯益，否斯損。"曰："何謂也！吉而濟凶而救之謂德，吉而恃凶而怠之謂損。"君子將有爲也，將有行也；問焉而以言，其受命也如響。告其爲也，告其行也，死生有命，富貴在天，若是則無可爲也，無可行也，不當問，問亦不告也。《易》以前民用也，非以爲人前知也；求前知，非聖人之道也。是以《少儀》之訓曰："毋測未至。"

郭璞嘗過顔含，欲爲之筮。含曰："年在天，位在人。修己而天不與者，命也；守道而人不知者，性也。自有性命，無勞著龜。"文中子謂：北山黄公善醫，先寢食而後鍼藥；汾陰侯生善筮，先人事而後說卦。

《金史·方伎序傳》曰："古之爲術，以吉凶導人而爲善；後世術者，或以休咎導人而爲不善。"

帝王名號

堯、舜、禹，皆名也。古未有號，故帝王皆以名紀，臨文不諱也。考之《尚書》，帝曰：格汝舜，格汝禹，名其臣也。堯崩之後，舜與其臣言，則曰：帝禹崩之後。《五子之歌》則曰皇祖，《允征》則曰先王。無言堯舜禹者，不敢名其君也。自啓至發，皆名也。夏后氏之季，而始有以十干爲號者：桀之癸，商之報丁、報乙、報丙、主壬、主癸，皆號以代其名；自天乙至辛，皆號也。商之王，著號不號名，而名之見於經者二：天乙之名履，辛之名受是也。曰湯曰紂，則亦號也。號則臣子所得而稱，故伊尹曰"惟尹躬暨湯"，《頌》曰武湯，曰成湯，曰湯孫也。曰文祖，曰藝祖，曰神宗，曰皇祖，曰烈祖，曰高祖，曰高后，曰中宗，曰高宗，而廟號起矣。曰元王，曰武王，而謚立矣。曰大舜，曰神禹，曰大禹，曰成湯，曰甯王，而稱號繁矣。自夏以前，純乎質，故帝王有名而無號；自商以下，寖乎文，故有名有號，而德之盛者有謚以美之。於是周公因而制謚，自天子達於卿大夫，美惡皆有謚，而十干之號不立。然王季以上，不追謚，猶用商人之禮焉。此文質之中，而臣子之義也。嗚呼，此其所以爲聖人也歟！

九族

宗盟之列，先同姓而後異姓；喪服之紀，重本屬而輕外親。此必有所受之，不自周人始矣。"克明俊德，以親九族"。孔傳以爲自高祖至元孫之親，蓋本之《喪服小記》以三爲五，以五爲九之說，而百世不可易者也。《牧誓》數商之罪，但言昏棄厥遺，王父、母、弟而不及外親。《呂刑》申命有邦，歷舉伯父、伯兄、仲叔、季弟、幼子、童孫，而不言甥舅，古人所爲先後之序，從可知矣。故《爾雅》謂於內宗曰族，於母妻則曰黨。而《昏禮》及《仲尼燕居》"三族"之文，康成並釋爲父子孫。杜元凱乃謂外祖父、外祖母、從母子及妻父、妻母、姑之子、姊妹之子、女子之子非己之同族，皆外親有服而異族者。然則史官之稱帝堯，舉其疏而遺其親，無乃顛倒之甚乎？且九族之爲同姓，經傳之中有明證矣：《春秋·魯成公十五年》，宋共公卒，傳曰："二華，戴族也；司城，莊族也；六官者皆，桓族也。"共公距戴公九世，而《唐六典·宗正卿》，掌皇九族之屬籍，以別昭穆之序，紀親疏之別；九廟之子孫，其族五十有九。光皇帝一族，景皇帝之族六，元皇帝之族三，高祖之族二十有一，太宗之族十有三，高宗之族六，中宗之族四，睿宗之族五。此在元宗之時，已有七族。若其歷世滋多，則有不止於九者，而五世親盡。故經文之言族者，自九而止也。又孔氏《正義》謂："高祖元孫，無相及之理。"不知高祖之兄弟，與元孫之兄弟，固可以相及；如後魏國子博士李獻之所謂"壽有長短，世有延促，不可得而齊同者"；如宋洪邁《容齋隨筆》言嗣濮王士歆在隆興爲從叔祖，在紹熙爲曾叔祖，在慶元爲高叔祖，其明證矣。亦何必帝堯之世，高祖元孫之族無一二人同在者乎？疑其不相及，而以外戚當之，其亦昧於齊家治國之理矣！

《路史》曰："親親，治之始也。"《禮·小記》曰："親親者，以三爲五，以五爲九；上殺，下殺，旁殺，而親畢矣。是所謂九族者也。"夫人生則有父，壯則有子，父子與己，此《小宗伯》三族之別也。父者子之祖，因上推之以及於己之祖；子者父之孫，因下推之以及於己之孫。此《禮傳》之以三爲五也。己之祖，自己子視之則爲曾祖王父，自己孫視之則爲高祖王父；己之孫，自己父視之，則爲曾孫，自己祖視之，則爲元孫。故又上推以及己之曾高，下推以及己之曾元，是所謂以五爲九也。陳氏《禮書》曰："己之所親，以一爲三；祖孫所親，以五爲七。《記》不言者，以父子一體而高元與曾同服。故不辨異之也。"服父三年，服祖期，則曾祖宜大功，高祖宜小功；而皆齊衰三月者，不敢以大小功旁親之服加乎至尊。故重其衰麻，尊尊也；試其日月，恩殺也。此所謂上殺服。適子三年，庶子期，適孫期，庶孫大功，則曾孫宜五月，而與元孫皆緦麻三月者，曾孫服曾祖三月，曾祖報之亦三月。曾祖尊也，故加齊衰；曾孫卑也，故服緦麻。此所謂下殺服。祖期，則世叔宜大功，以其與父一體，故加以期；從世叔則疏矣，加所不及，故服小功；族世叔又疏矣，故服緦麻。此發父而旁殺者也。祖之兄弟小功，曾祖兄弟緦麻，高祖兄弟無服，此發祖而旁殺者也。同父至親期，同祖爲從大功，同曾祖爲再從小功，同高祖爲三從緦麻，此發兄弟而旁殺者也。父爲子期，兄弟之子宜九月，不九月而期者，以其猶子而進之也；從兄弟之子小功，再從兄弟之子緦麻，此發子而旁殺者也。祖爲孫大功，兄弟之孫小功，從兄弟之孫緦麻，此發孫而旁殺者也。蓋服有加也，有報也，有降也：祖之齊衰，世叔從子之期，皆加也；曾孫之三月，與兄弟之孫五月，皆報也。若夫降，有四品則非五服之正也，觀於九族之訓，如喪考妣之文，而知宗族之名，服紀之數，蓋前乎二帝而有之矣。後魏孝文太和中詔延四廟之子，下逮元孫之胄，申宗宴於皇信堂：不以爵秩爲列，悉序昭穆爲次，用家人之禮。此由古聖人睦族之意而推之者也。

舜典

古時《堯典》《舜典》，本合爲一篇。故"月正元日，格于文祖"之後，而四岳之咨，必稱"舜曰"者，以別於上文之帝也。至其命禹始稱"帝曰"，問答之辭已明，則無嫌也。

惠迪吉從逆凶

善惡報應之說，聖人嘗言之矣。大禹言："惠迪吉，從逆凶，惟影響。"湯言："天道福善禍淫。"伊尹言："惟上帝不常，作善降之百祥，作不善降之百殃。"又言："惟吉凶不僭在人，惟天降災祥在德。"孔子言："積善之家，必有餘慶；積不善之家，必有餘殃。"豈真有上帝司其禍福，如道家所謂天神察其善惡、釋氏所謂地獄果報者哉？善與不善，一氣之相感，如水之流濕，火之就燥，不期然而然，無不感也，無不應也。此孟子所謂"志壹則動氣"，而《詩》所云"天之牖民，如壎如箎，如璋如圭，如取如攜"者也。其有不齊，則如夏之寒、冬之燠；得於一日之偶逢，而非四時之正氣也。"故曰："誠者，天之道也。"若曰："有鬼神司之，屑屑焉如人間官長之爲，則報應之至近者反推而之遠矣。"

懋遷有無化居

"懋遷有無化居。"化者,貸也。通而不積,則謂之化;留而不散,則謂之貨。唐虞之世,曰化而已;至殷人始以貨名。仲虺有不殖貨利之言,三風有殉於貨色之儆。而盤庚之誥則曰:"不肩好貨。"於是移"化"之字爲"化生化成"之"化",而厚斂之君,發財之主,多不化之物矣。

舜作《南風》之歌,所謂勸之以九歌者也。讀之然後知解吾民之慍者,必在乎阜吾民之財;而自阜其財,乃以來天下之慍。

三江

北江,今之揚子江也;中江,今之吳淞江也。不言南江,而以三江見之。南江,今之錢塘江也。

《禹貢》該括衆流,無獨遺浙江之理,而會稽又他日合諸侯計功之地也。特以施功少,故不言於導水耳。三江既入,一事也;震澤底定,又一事也。後之解書者,必謂三江之皆由震澤,以二句相蒙爲文,而其說始紛紜矣!

錫土姓

今日之天下,人人無土,人人有姓。蓋自錫土之法廢,而唐宋以下,帝王之裔,儕於庶人,無世守之固。錫姓之法廢,而魏齊以下,朔漠之姓,雜於諸夏,失氏族之源。後之鄙儒,讀《禹貢》而不知其義者多矣!

厥弟五人

夏商之世，天子之子，其封國而爲公侯者，不見以經；以太康之尸位而有厥弟五人，使其並建茅土，爲國屏翰，羿何至篡夏哉？富辰言周公弔二叔之不仁，故封建親戚以蕃屏周；而少康封其庶子於會稽，以奉祀禹，祀二十餘世，至於越之句踐，卒霸諸侯，有禹之遺烈。夫亦監於大康孤立之禍而然與？若乃孔子所謂"大道既隱，天下爲家，各親其親，各子其子"者，亦從此而可知之矣。

惟彼陶唐有此冀方

堯舜皆都河北，故曰冀方；至太康始失河北，而五子御其母以從之，於是僑國河南，再傳至相，卒爲浞所滅。古之天子，失其故都，未有能國者也。周失豐鎬而平王以東，晉失雒陽，宋失開封，而元帝高宗遷於江左遂以不振。惟殷之五遷，圮於河，而非敵人之窺伺，則勞不同爾。唐自元宗以後，天子屢嘗出狩，乃未幾而復國者，以不棄長安也。故子儀回鑾之表，代宗垂泣；宗澤還京之奏，忠義歸心。嗚呼，幸而澆之從欲，不爲民心所附，少康乃得以一旅之衆而誅之耳！後之人主，不幸失其都邑而爲興復之計者，其念之哉！

夏之都，本在安邑；太康畋於洛表，而羿距於河，則冀方之地入於羿矣。惟河之東與南，爲夏所有，至后相失國，依於二斟；於是使澆用師殺斟灌以伐斟鄩，而相遂滅。乃處澆於過，以制東方；處殪於戈，以控南國。其時靡奔有鬲，在河之東；少康奔有虞，在河之南。而自河以內，無不安於亂賊者矣。合魏絳、伍員之言，可以觀當日之形勢；而少康之所以布德兆謀者，亦難乎其爲力矣！古之天子，常居冀州；後人因之，遂以冀州爲中國之號：《楚辭·九歌》："覽冀州兮有餘。"《淮南子》："女媧氏殺黑龍以濟冀州。"《路史》云："中國總謂之冀州。"《穀梁傳》曰："鄭同姓之國也，在乎冀州。"

允征

羲和尸官，慢天也；葛伯不祀，亡祖也。至於動六師之誅，興鄰國之伐，古之聖人，其敬天尊祖也至矣！故王制天子巡守，其削絀諸侯，必先於不敬不孝。

惟元祀十有二月

惟元祀十有二月乙丑，元祀者太甲之元，年十有二月者建子之月；蓋湯之崩，必以前年之十二月也。殷練而祔伊尹祠於先王奉嗣王，祗見厥祖祔湯於廟也。先君祔廟而後嗣子即位，故成之爲王。而伊尹乃明言烈祖之成德，以訓於王也。而自桐歸亳，以三祀之十二月者，則適當其時，而非有所取爾。

即位者，即先君之位也。未祔則事死如生，位猶先君之位也。故祔廟而後嗣子即位，殷練而祔即位，必在期年之後。爲卒哭而祔，故踰年斯即位矣。有不待葬而即位，如魯之文公、成公者，其禮之未失乎？

三年喪畢而後踐天子位，舜也，禹也；練而祔，祔而即位，殷也；踰年正月即位，周也。世變愈下而柩前即位，爲後代之通禮矣！

西伯戡黎

以關中并天下者,必先於得河東。秦取三晉而後滅燕齊,符氏取晉陽而後滅燕,宇文氏取晉陽而後滅齊。故西伯戡黎而殷人恐矣。

少師

古之官有職異而名同者,太師、少師是也;比干之爲少師,周官所謂三孤也。《論語》之少師陽,則樂官之佐,而《周禮》謂之小師者也。故《史記》言紂之將亡,其太師疵,少師彊,抱其樂器奔周,而後儒之傳誤以爲微子也。

殷紂之所以亡

自古國家承平日久,法制廢弛,而上之令不能行於下,未有不亡者也,紂以不仁而亡天下,人人知之。吾謂不盡然:紂之爲君,沈湎於酒,而逞一時之威,至於刳孕斮脛,蓋齊文、宣之比耳。商之衰也久矣,一變而《盤庚》之書,則卿大夫不從君令;再變而《微子》之書,則小民不畏國法。至於攘竊神祇之犧牷牲,用以容將食無災,可謂民玩其上而威刑不立者矣。即以中主守之,猶不能保;而況以紂之狂酗昏虐,又祖伊奔告而不省乎?文、宣之惡,未必減於紂,而齊以強;高緯之惡,未必甚於文、宣。而齊以亡者,文、宣承神武之餘,紀網粗立,而又有楊愔輩爲之佐,主昏於上而政清於下也。至高緯而國法蕩然矣!故宇文得而取之。然則論紂之亡、武之興,而謂"以至仁伐至不仁"者,偏辭也,未得爲窮源之論也。

武王伐紂

　　武王伐商，殺紂而立其子武庚，宗廟不毀，社稷不遷，時殷未嘗亡也。所以異乎曩日者，不朝諸侯，不有天下而已。故《書序》言："三監及淮夷，叛周公，相成王，將黜殷，作《大誥》。"又言："成王既黜殷，命殺武庚。"是則殷之亡其天下也，在紂之自燔；而亡其國也，在武庚之見殺。蓋武庚之存殷者猶十有餘年，使武庚不叛，則殷其不黜矣。

　　武王克商，天下大定，裂土奠國；乃不以其故都封周之臣，而仍以封武庚。降在侯國，而猶得守先人之故土。武王無富天下之心，而不以叛逆之事疑其子孫，所以異乎後世之篡弑其君者，於此可見矣。及武庚既畔，乃命微子啓代殷而必於宋焉，謂大火之祀商人，是因弗遷其地也。是以知古聖人之征誅也，取天下而不取其國，誅其君、弔其民而存先世之宗祀焉，斯已矣！武王豈不知商之臣民，其不願爲周者，皆故都之人。公族世家之所萃，流風善政之所存，一有不靖，易爲搖動，而必以封其遺允。蓋不以畔逆疑其子孫，而明告萬世以取天下者，無滅國之義也。故宋公朝周，則曰臣也；周人待之，則曰客也。自天子言之，則侯服于周也；自國人言之，則以商之臣事商之君，無變於其初也。平王以下，去微子之世遠矣；而曰"孝惠娶於商"，曰"天子棄商久矣"，曰"利以伐姜不利于商"，吾是以知宋之得爲商也。蓋自武庚誅而宋復封，於是商人曉然知武王、周公之心，而君臣上下各止其所，無復有怨懟不平之意；與後世之人主，一戰取人之國而毀其宗廟、遷其重器者異矣。

　　或曰："遷殷頑民於雒邑何與？"曰："以頑民爲商俗靡靡之民

者，先儒解誤也。蓋古先王之用兵也，不殺而侍人也仁。東征之役，其誅者事主一人，武庚而已；謀主一人，管叔而已。下此而囚，下此而降，下此而遷，而所謂頑民者，皆畔逆之徒也。無連坐幷誅之法，而又不可以復置之。殷都是不得不遷，而又原其心，不忍棄之四裔，故於雒邑；又不忍斥言其畔，故止曰殷頑民。其與乎畔而遷者，大抵皆商之世臣大族；而其不與乎畔而留於殷者，如祝佗所謂分康叔以殷民七族，陶氏、施氏、繁氏、錡氏、饑氏、終葵氏是也。非盡一國而遷之也。"或曰："何以知其爲畔黨也？"曰："以召公之言讎，民知之不畔，何以言讎？非敵百姓也，古聖王無與一國爲讎者也。"

上古以來，無殺君之事：湯之于桀也，放之而已；使紂不自焚，武王未必不以湯之所以待桀者待紂。紂而自焚也，此武王之不幸也。當時八百諸侯，雖並有除殘之志；然一聞其君之見殺，則天下之人，亦且恫疑震駭而不能無歸過於武王，此伯夷所以斥言其暴也。斥其反商之政，封殷之後，人而無利其土地焉；天下於是知武王之兵，非得已也。然後乃安於紂之亡，而不以爲周師之過，故箕子之歌怨狡童，而己無餘恨焉。非伯夷親而箕子疏，又非武王始暴而終仁也，其時異也。《多士》之書，惟三月。周公初于新邑洛用告商王士曰："非我小國，敢弋殷命。亡國之民，而號之商。"王士新朝之主，而自稱我小國；以天下爲公，而不沒其舊日之名分。殷人以此中心悅而誠服，卜世三十，卜年七百，其始基之矣。

泰誓

商之德澤深矣，尺地莫非其有也，一民莫非其臣也。武王伐紂乃曰："獨夫受，洪惟作威，乃汝世讎。"曰："肆予小子，誕以爾眾士，殄殲乃讎，何至於此？"紂之不善，亦止其身；乃至并其先世而讎之，豈非《泰誓》之文出於魏晉間人之偽誤者邪？

"朕夢協朕卜，襲于休祥，戎商必克。"伐君大事，而託之乎夢，其誰信之？殆即《呂氏春秋》載夷齊之言，謂"武王揚夢以說眾"者也。

《孟子》引《書》王曰："無畏寧爾也，非敵百姓也；若崩厥角稽首。"今改之曰："罔或無畏，寧執非敵；百姓懍懍，若崩厥角。"後儒雖曲爲之說而不可通矣。

百姓有過在予一人

"百姓有過，在予一人"。凡百姓之不有康食、不虞天姓、不迪率典，皆我一人之責；今我當順民心以誅無道也。蔡氏謂民皆有責於我，似爲紆曲。

王朝步自周

《武成》王朝步自周，于征伐商；《召誥》王朝步自周，則至于豐；《畢命》王朝步自宗周，至於豐：不敢乘車而步出國門，敬之至也。後之人君，驕恣惰佚；於是有輦而行國中，坐而見羣臣，非先王之制矣！

《呂氏春秋》：出則以輿，入則以輦，務以自佚，命之曰招蹶之機。宋呂大防言：前代人生在宮禁之中，亦乘輿輦，祖宗皆步自內庭，出御前殿。此勤身之法也。

《太祖實錄》：吳元年，上以諸子年長，宜習勤勞，使不驕惰，命內侍製麻履行縢；每出城稍遠，則馬行其一，步趨其一。至崇禎帝，亦嘗步禱南郊。嗚呼，皇祖之訓遠矣。

太王王季

《中庸》言：武王未受命，周公成文武之德，追王太王、王季。《大傳》言：武王於牧之野，旣事而退；遂率天下諸侯，執豆籩，駿奔走追王大王、亶父、王季歷、文王昌。二說不同。今按《武成》言：丁未，祀于周廟而其告庶邦；冢君稱太王、王季金縢之册，祝曰："若爾三王。"是武王之時，已追王太王、王季；而《中庸》之言，未爲得也。《緜》之詩上稱古公亶父，下稱文王，是古公未上尊號之先，文已稱王，而《大傳》之言未爲得也。仁山金氏曰："武王舉兵之日，已稱王矣；故類於上帝行天子之禮，而稱有道曾孫周王發，必非史臣追書之辭。後之儒者，乃嫌聖人之事而文之，非也。"然文王之王，與太王、王季之王，自不同時；而追王大王、王季，必不在周公踐阼之後。

彝倫

彝倫者，天地人之常道；如下所謂五行五事、八政五紀、皇極三德、稽疑庶政、五福六極，皆在其中，不止孟子之言人倫而已。能盡其性，以至能盡人之性、盡物之性，則可以贊天地之化育而彝倫敍矣。

龜從筮逆

古人求神之道，不止一端，故卜筮並用，而終以龜爲主。《周禮》筮人言：凡國之大事，先筮而後卜。注，當用卜者，先筮之，卽事有漸也。於筮之凶，則止不卜。然而《洪範》有龜從筮逆者，則知古人固不拘乎此也。大卜掌三兆之法，其經兆之體，皆百有二十，其頌皆千有二百。故傳曰："筮短龜長。"自漢代來，文帝以降，猶有大橫之兆。《藝文志》有《龜書》五十三卷、《夏龜》二十六卷、《南龜書》二十八卷、《巨龜》三十六卷、《雜龜》十六卷，而後則無聞。唐之李華，遂有廢龜之論矣。

周公居東

主少國疑，周公又出居於外，而上下安甯，無腹心之患者，二公之力也。武王之誓衆曰："予有亂臣十人，同心同德。"於此見之矣。荀子曰："二公仁智且不蔽，故能持周公，而名利福祿與周公齊。"

微子之命

微子之於周，蓋受國而不受爵；受國以存先王之祀，不受爵以示不爲臣之節。故終身稱微子也。微子卒，立其弟衍，是爲微仲；衍之繼其兄，繼宋非繼微也。而稱微仲者何？猶微子之心也。至於衍之子稽則遠矣，於是始稱宋公。嗚呼，吾於《洪範》之書，言十有三祀；微子之命，以其舊爵名篇。而知武王、周公之仁，不奪人之所守也。後之經生，不知此義；而抱器之臣、倒戈之士，接迹於天下矣！

酒誥

酒爲天之降命，亦爲天之降威；紂以酗酒而亡，文王以不腆於酒而興。興亡之機，其原皆在於酒；則所以保天命而畏天威者，後人不可不謹矣！

召誥

古者，吉行日五十里，故召公營洛；乙未，自周戊申朝至於洛，凡十有四日，師行日三十里。故武王伐紂，癸巳，自周；戊午，師渡孟津，凡二十有五日，《漢書》以爲三十一日，誤。

元子

微子之命，以微子爲殷王元子，《召誥》則又以紂爲元子。曰："皇天上帝，改厥元子，茲大國殷之命。"又曰："有王雖小，元子哉！"人君謂之天子，故仁人之事天如事親。

其稽我古人之德

傅說之告高宗曰："學于古訓乃有獲。"武王之誥康叔，既祇遹乃文考，而又求之殷先哲王，又求之商者成人，又別求之古先哲王。《大保之戒》，成王先之以稽我古人之德，而後進之以稽謀自天；及成王之作周官，亦曰"學古入官"，曰"不學面牆"。子曰："述而不作，信而好古。"又曰："好古敏以求之。"又曰："君子以多識前言往行，以畜其德。"先聖後聖，其揆一也。不學古而欲稽天，豈非不耕而求穫乎？

節性

降衷於下民，若有恆性；此性善之説所自出也。節性惟曰其邁，此性相近之說所自出也。豈弟君子，俾爾彌爾性，似先公酋矣，命也，有性焉，君子不謂命也。

汝其敬識百辟享

人主坐明堂而臨九牧，不但察羣心之向背，亦當知四國之忠姦。故嘉禾同穎，美侯服之宣風；厎貢厥獒，戒明王之愼德。所謂敬識百辟享也。昔者，唐明皇之致理也，受張相千秋之鏡，聽元生《于蔿》之歌；亦能以謇諤爲珠璣，以仁賢爲器幣。及乎王心一蕩，佞諛日崇，開廣運之潭，致江南之貨。廣陵銅器，京口綾衫，錦纜牙檣，彌亙數里，靚妝鮮服，和者百人。乃未幾而蘇門之亂作矣！然則韋堅、王鉷之徒，剝民以奉其君者，皆不役志于享者也。《易》曰："公用享於天子，小人弗克。"若明皇者，豈非享多儀而民曰不享者哉？

惟爾王家我適

朝覲者不之殷而之周，訟獄者不之殷而之周，於是周爲天子，而殷爲侯服矣。此之謂"惟爾王家我適"。

王來自奄

《多方之誥》曰："惟五月丁亥，王來自奄。"而《多士》王曰："昔朕來自奄。"是《多方》當在《多士》之前，後人倒其篇第耳。奄之叛周，是武庚既誅而懼，遂與淮夷、徐戎並興；而周公東征，乃至於三年之久。孟子曰："伐奄三年，討其君。"是也。既克而成王踐奄，蓋

47

行巡狩之事耳,《書序》"成王既踐奄,將遷其君於蒲姑"是也。《孔傳》以爲奄再叛者,拘於篇之先後而強爲之說。

建官惟百

成王作《周官》之書,謂"唐、虞稽古,建官惟百";而"夏,商官倍"者,時代不遠,其多寡何若此之懸絕哉?且天下之事,一職之微,至於委吏乘田,亦不可闕;而謂二帝之世,遂能以百官該內外之務,吾不敢信也。考之傳注,亦第以爲因時制宜,莫詳其實。吾以爲唐、虞之官,不止於百;而其咨而命之者,二十有二人。其餘九官之佐殳斨伯,與朱虎熊羆之倫,暨侍御僕從,以至州十有二師,外薄四海,咸建五長,以名達於天子者,不過百人而已。其他則穆王之命,所謂慎簡乃僚,而天子不親其黜陟者也。故曰:"堯舜之知,而不徧物,急先務也;堯舜之仁,不徧人子,急親賢也。"夏商之世,法日詳而人子之職日侵於下,其命於天子者多,故倍也。觀於《立政》之書,內至於亞旅,外至於表臣百司,而夷微、盧丞、三亳、阪尹之官,又虞夏之所未有,則可知矣。杜氏《通典》言:漢初王侯國百官,皆如漢朝;惟丞相命於天子。其御史大夫以下,皆自置。及景帝懲吳、楚之變,殺其制度,罷御史大夫以下官;至武帝,又語凡王侯吏職二千石者,不得擅補。其州郡佐吏,自別駕長史以下,皆刺史太守自補。歷代因而不革。洎北齊武平中,後主失政,多有佞幸;乃賜其賣官,分占州郡,下及鄉官,多降中旨,故有敕用州主簿、郡功曹者。自是之後,州郡辟士之權,寖移於朝廷;以故外吏不得精覈,由此起也。故劉炫對牛宏,以爲大小之官,悉由吏部。此政之所以日繁。而沈既濟之議,欲令六品以下,及僚佐之屬,許州府辟用;後之人見《周禮》一書設官之多，職事之密，以爲周之所以致治者如此，而不知宅乃事、宅乃牧、宅乃準之外，文王罔敢知也。然則周之制雖詳，而意猶不異於唐虞矣。求治之君，其可以天子而預銓曹之事哉？

司空

《司空孔傳》謂：主國空土，以居民未必然。顏師古曰："空，穴也。古人穴居，主穿土爲穴以居人也。"

《易傳》云："上古穴居而野處。"《詩》云："古公亶父，陶復陶穴，未有家室。"今河東之人，尚多有穴居者。洪水之後，莫急於奠民居；故伯禹作司空，爲九官之首。

顧命

讀《顧命》之篇，見成王初喪之際，康王與其羣臣皆吉服而無哀痛之辭；以召公、畢公之賢，反不及子產、叔向，誠爲可疑。再四讀之，知其中有脫簡。而狄設黼扆綴衣以下，即當屬之康王之誥。自此以上，記成王顧命登遐之事；自此以下，記明年正月上日康王即位。康王即位，朝諸侯之事也。古之人君，於即位之禮重矣；故即位於廟，受命於先王，祭畢而朝羣臣，布幣而見，然後成之爲君。《春秋》之於魯公，即位則書，不即位則不書；蓋有遭時之變而不行，此禮如在閔、僖二公者矣。康王當太平之時，爲繼體之主；而史錄其遺文訓告，以爲一代之大法，此《書》之所以傳也。《記》曰："未沒喪，不稱君。"而今書曰："王麻冕黼裳。"是踰年之君也。又曰："周卒哭而祔。"而今曰："諸侯出廟門俟。"是已祔之後也。《傳》言天子七月而葬，同軌

49

畢至。而今太保率西方諸侯，畢公率東方諸侯，是七月之餘也。因其中有脫簡，而後之說《書》者，並以繫之越七日癸酉之下，所以生後儒之論。而不思初崩七日之間，諸侯何由而畢至乎？或曰：易吉可乎？曰：此周公所制之禮也。以宗廟爲重，而不敢凶服以接乎神；釋三年之喪，以盡斯須之敬，此義之所在，而天子之守與士庶不同者也。《商書》有之矣。惟元祀十有二月乙丑，伊尹祠于先王，奉嗣王，祗見厥祖，豈以喪服而入廟哉？

傳賢之世，天下可以無君。故堯崩，三年之喪畢，舜避堯之子於南河之南。傳子之世，天下不可無君；故惟元祀十有二月乙丑，伊尹祠于先王，奉嗣王祗見厥祖。自"狄設黼扆綴衣"以下，皆陳之朝者也。設四席者朝羣臣，聽政事，養國老，燕親屬：皆新天子之所有事，而非事亡之說也。自"王麻冕黼裳"以下，皆宗廟之事也。自"王出在應門之內"以下，則康王臨朝之事也。

周之末世，固有不待葬而先見廟者矣。《左傳·昭二十二年》："夏四月乙丑，王崩于榮。錡氏五月，庚辰，見王；六月丁巳，葬景王。"其曰見王者，見王子猛於先王之廟也。不待期而見王猛，不待期而葬景王，則以子朝之爭國也。然不言即位，但曰見王而已。孰謂成、康無事之時而行此變禮也？

《書》之脫簡多矣：如《武城》之篇，蔡氏以爲尚有闕文；《洛誥》，戊辰王在新邑，則王之至洛可知。乃二公至洛，並詳其月日，而失其傳；則武王之志荒矣。余於《顧命》，敢引之以斷千載之疑。

矯虔

《說文》：矯，從矢揉箭也，故有用力之義。《漢書·孝武紀》注引韋昭曰："稱詐爲矯，強取爲虔。"《周語》注："以詐用法曰矯。"

罔中于信以覆詛盟

　　國亂無政，小民有情而不得申，有冤而不見理；於是不得不愬之於神，而詛盟之事起矣。蘇公遇暴公之譖，則出此三物以詛爾；斯屈原遭子蘭之讒，則告五帝以折中，命咎繇而聽直；至於里巷之人，亦莫不然。而鬼神之往來於人間者，亦或著其靈爽。於是賞罰之柄，乃移之冥漠之中，而蚩蚩之氓，其畏王鐵常不如其畏鬼責矣。乃世之君子，猶有所取焉，以輔王政之窮。今日所傳地獄之說感應之書，皆苗民詛盟之餘習也。明明棐常鰥寡無蓋，則王政行於上而人自不服，有求於神。故曰：有道之世，其鬼不神。所謂絕地天通者，如此而已矣。

文侯之命

　　《竹書紀年》：幽王三年，嬖褒似；五年，王世子宜臼出奔申；八年，王立褒姒之子伯盤爲太子；九年，申侯聘西戎及鄫；十年；王師伐申；十一年，申人、鄫人及犬戎入周，弒王及王子伯盤。申侯、魯侯、許男、鄭子立宜臼於申，虢公翰立王子余臣於攜周，二王並立。平王元年，王東從雒邑，晉侯會衞侯、鄭伯、秦伯以師從王，入於成周；二十一年，晉文侯殺王子余臣於攜。然則文侯之命，報其已立之功，而望之以殺攜王之效也。鄭公子蘭之從晉文公而東也，請無與圍鄭、晉人許之。今平王既立於申，自申遷於雒邑，而復使周人爲之戍申。則申侯之伐，幽王之弒，不可謂非出於平王之志者矣。當日諸侯，但知其冢嗣爲當立，而不察其與聞乎弒爲可誅；虢公之立王子余臣，或有見乎此也。自文侯用師，替攜王以除其逼，而平王之位定矣。後之人，徒以成敗論，而不察其故；遂謂平王能繼文王之緒，而惜其棄岐、豐七百里之地，豈爲能得當日之情者哉？孔子生於二百年之後，蓋有所不忍言；而錄文侯之命於書，錄《揚之水》之篇於詩，其旨微矣。傳言平王東遷，蓋周之臣子美其名爾；綜其實不然，凡言遷者，自彼而之此之辭，盤庚遷於殷是也。幽王之亡宗廟社稷，以及典章文物，蕩然皆盡。鎬京之地，已爲西戎所有；平王乃自申東保於雒，天子之國，與諸侯無異，而又有攜王與之頡頑，並爲人主者二十年。其得存周之祀，幸矣，而望其中興哉？

秦誓

有《秦誓》，故列《秦誓》；有《秦詩》，故錄《秦詩》："述而不作"也。謂夫子逆知天下之將并于秦而存之者，小之乎知聖人矣。秦穆之盛，僅霸西戎，未嘗爲中國盟主；無論齊桓、晉文，卽亦不敢望；楚之靈王、吳之夫差，合諸侯而制天下之柄。春秋以後秦蓋中衰。吳淵穎曰："秦之興，始於孝公之用商鞅，成於惠王之取巴蜀；蠶食六國，并吞二周。"戰國之秦也，非春秋之秦也，其去夫子之卒也久矣。夫子惡知周之必并於秦哉？若所云後世男子自稱"秦始皇，入我房，顛倒我衣裳，至沙丘而亡"者；近於圖澄寶誌之流，非所以言孔子矣！

《甘誓》，天子之事也；《允征》，諸侯之事也。並存之，見諸侯之事可以繼天子也。《費誓》《秦誓》之存，猶是也。

古文尚書

漢時《尚書》，今文與古文爲二，而古文又自有二。《漢書·藝文志》曰："《尚書》古文經四十六卷，爲五十七篇。"師古曰："孔安國《書序》云：'凡五十九篇，爲四十六卷。'承詔作傳，引序各冠其篇首，定五十八篇。"鄭元序贊云："後又亡其一篇，故五十七。"又曰："經二十九卷，大小夏侯二家，歐陽經三十二卷。"師古曰："此二十九卷，伏生傳授者。"此今文與古文爲二也。又曰："古文《尚書》，出孔子壁中。武帝末，魯共王壞孔子宅，欲以廣其宮，而得古文《尚書》，及《禮記》《論語》《孝經》，凡數十篇，皆古字也。共王往入其宅，聞鼓琴瑟鐘磬之音，於是懼乃止不壞。孔安國者，孔子後也，悉得其書以考二十九篇，得多十六篇。安國獻之，遭巫蠱事，未列於學官。劉向以中古文，校歐陽、大小夏侯三家經文；《酒誥》脫簡二十五字者，脫亦二十五字；簡二十二字，脫亦二十二字。文字異者七百有餘，脫字數十。"《儒林傳》曰："孔氏有古文《尚書》，孔安國以今文讀之，因以起其家，《逸書》得十餘篇。蓋《尚書》茲多於是矣。遭巫蠱未立於學官，安國爲諫大夫授都尉朝，都尉朝授膠東庸生，庸生授清河胡常少子。"又傳《左氏》常授虢徐敖，又傳《毛詩》授王璜、平陵塗惲子、真子，真授河南桑欽君長。王莽時，諸學皆立，劉歆爲國師，璜、惲等皆貴顯。又曰："世所傳百兩篇者，出東萊張霸分析，合二十九篇以爲數十。"又采《左氏傳》書序爲作首尾，凡百二篇，篇或數簡；文意淺陋。成帝時，求其古文者霸，以能爲百兩，徵以中書校之非是。此又孔氏古文與張霸之書爲二也。《後漢書·儒林傳》曰："孔僖，魯國魯人也。自安國以下，世傳古文《尚書》。"又曰："扶風杜林傳古文《尚書》，林同郡賈逵爲之作訓，馬融作傳，鄭元注解。由是古文《尚書》遂顯於世。"又曰："建初中，詔高才生受古文《尚書》《毛詩》《穀梁》《左氏春秋》，雖不立學官，然皆擢高第爲講郎，給事近署。"然則孔僖所受之安國者，竟無其傳；而杜林、賈逵、馬融、鄭元，則不見安國之傳，而爲之作訓、作傳、作注解，此則孔、鄭之學，又當爲

53

二而無可考矣。《劉陶傳》曰："陶明《尚書》《春秋》爲之訓詁。"推三家《尚書》，及古文，是正文字三百餘事，名曰中文《尚書》。漢末之亂無傳，若爲融注古文《尚書》十卷，鄭元注古文《尚書》九卷，則見於《舊唐書·藝文志》。開元之時，尚有其書而未嘗亡也。按陸氏《釋文》言：馬、鄭所注二十九篇，則亦不過伏生所傳之廿八，而《泰誓》別得之民間，合之爲二十九；且非今之《泰誓》。其所謂得多十六篇者，不與其間也。《隋書·經籍志》曰："馬融、鄭元所傳，惟二十九篇，又雜以今文，非孔子傳書自餘絕無所說。晉世祕府所存，有古文《尚書》經文，今無有傳者；及永嘉之亂，歐陽、大小夏侯《尚書》並亡；至東晉豫章內史梅賾，始得安國之傳上之，增多二十五篇，以合於伏生之二十八篇而去其僞《泰誓》，又命《舜典》《益稷》《盤庚》中下《康王之誥》各自爲篇，則爲今之五十八篇矣。其《舜典》亡闕，取王肅本愼徽以下之傳續之。齊明帝建武四年，有姚方興者，於大航頭得本，有曰'若稽古帝舜'以下二十八字。獻之朝議，咸以爲非。及江陵板蕩，其文化入中原，學者異之。劉炫遂以列諸本第。"然則今之《尚書》，其今文古文皆有之，三十三篇固雜取伏生、安國之文；而二十五篇之出於梅賾，《舜典》二十八字之出於姚方興，又合而一之。孟子曰："盡信書，則不如無書。"於今日而益驗之矣！

竊疑古時有《堯典》無《舜典》，有《夏書》無《虞書》，而《堯典》亦夏書也。孟子引二十有八載"放勳乃殂落"，而謂之《堯典》，則序之別爲《舜典》者非矣。《左氏傳》莊公八年，引"皋陶邁種德"；僖公二十四年，引"地平天成"；二十七年，引"賦納以言"；文公七年，引"戒之用休"；襄公五年，引"成允成功"；二十一年，二十三年，兩引"念茲在茲"；二十六年，引"與其殺不辜甯失不經"；哀公六年，引"允出茲在茲"；十八年，引"官占惟先蔽志"。《國語》周內史過，引衆非元后何戴，后非衆罔與守邦，而皆謂之《夏書》；則後之目爲《虞書》者，贅矣。何則？記此書者，必出於夏之史臣；雖傳之自唐，而潤色成文，不無待於後人者。故篇首言曰："若稽古。"以古爲言，明非當日之記也。世更三聖，事同一家；以夏之臣，追記二帝之事，不謂之《夏書》而何？夫惟以夏之臣，而追記二帝之事，則言堯可以見舜；不若後人之史，每帝立一本紀而後爲全書也。

帝曰："來禹！汝亦昌言。"承上文皋陶所陳一時之言也。王出在應門之內，承上文諸侯出廟門俟，一時之事也。序分爲兩篇者，妄也。

書序

益都孫寳侗仲愚謂：《書序》爲後人僞作，《逸書》之名，亦多不典。至如《左氏傳》定四年，祝佗告萇宏，其言魯也，曰："命以伯禽而封於少皞之墟。"其言衞也，曰："命以《康誥》而封於殷墟。"其言晉也，曰："命以《唐誥》而封於夏墟。"是則《伯禽之命》《康誥》《康[1]誥》，《周書》之三篇而孔子所必錄也。今獨《康誥》存而二書亡，爲《書序》者不知其篇名，而不列於百篇之內，疏漏顯然。是則不但《書序》可疑，并百篇之名，亦未可信矣。其解命以伯禽爲書名，伯禽之命，尤爲切當，今錄其説。

《正義》曰："《尚書》遭秦而亡，漢初不知篇數。"武帝時，有大常蓼侯孔臧者，安國之從兄也，與安國書云："時人惟聞《尚書》二十八篇，取象二十八宿，謂爲信然，不知其有百篇也。"今考傳記引書並無序，所亡四十二篇之文，則此篇名亦未可盡信也。

---

[1] "康"，當爲"唐"。——編者註

豐熙僞尚書

　　五經得於秦火之餘，其中固不能無錯誤。學者不幸而生乎二千餘載之後，信古而闕疑，乃其分也。近世之說經者，莫病乎好異，以其說之異於人而不足以取信，於是舍本經之訓詁，而求之諸子百家之書；猶未足也，則舍近代之文而求之遠古；又不足，則舍中國之文而求之四海之外。如豐熙之古書世本，尤可怪焉。曰箕子朝鮮本者，箕子封於朝鮮，傳書古文自帝典至微子止，後附《洪範》一篇。曰徐市倭國本者，徐氏爲秦博士，因李斯坑殺儒生，託言入海求仙，盡載古書至島上，立倭國，即今日本是也。二國所譯書，其曾大父河南布政使慶錄得之，以藏於家。按宋歐陽永叔日本《刀歌》，徐福行時書未災，《逸書》百篇今尚存。蓋昔時已有是說，而葉少蘊固已疑之。夫詩人寄興之辭，豈必眞有其事哉？日本之職，貢於唐久矣。自唐及宋，歷代求書之詔不能得，而二千載之後，慶乃得之；其得之又不以獻之朝廷而藏之家，何也？至曰箕子傳書古文，自帝典至微子，則不應別無一篇《逸書》，而一一盡同於伏生。孔安國之所傳，其曰後附《洪範》一篇者，蓋徒見《左氏傳》三引《洪範》，皆謂之《商書》。而不知王者周人之稱，十有三者周史之記，不得爲商人之書也。《禹貢》以道山道水移於九州之前，此不知古人先經後緯之義也。《五子之歌》爲人上者，奈何不敬；以其不叶而改之，曰可不敬乎？謂本之鴻都《石經》，據《正義》言，蔡邕所書《石經尚書》，止今文三十四篇，無《五子之歌》，熙又何以不考而妄言之也？夫天子失官，學在四裔；使果有殘編斷簡可以裨經文而助聖道，固君子之所求之而惟恐不得者也。若乃無益於經而徒爲異以惑人，則其於學也，亦謂之異端而已。愚因歎夫昔之君子，遵守經文，雖章句先後之間，猶不敢輒改。故元行沖奉明皇之旨用魏徵所注《類禮》，譔爲《疏義》；成書上進而爲張說所駁，謂章句隔絕，有乖舊本，竟不得立於學官。夫《禮記》二戴所錄，非夫子所刪；況其篇目之次，原無深義；而魏徵所注，則又本之孫炎。以累代名儒之作，申之以詔旨而不能奪經生之所守。蓋唐人之於經傳，其嚴也如此。故啖助之於《春秋》，三家卓越，多有獨得，而史氏猶譏其不本所承，自用名學，謂後生詭辯爲助所階；乃近代之人，其於讀經，鹵莽滅裂，不及昔人遠甚。又無先儒爲之據依，而師心妄作。刊傳記未已也，進而譏聖經矣；更章句未已也，進而改文字矣。此陸游致慨於宋人，而今且彌甚。徐防有言，今不依章句，妄生穿鑿，以遵師爲非義，意說爲得理，輕侮道術，寖以成俗。嗚呼，此學者所宜深戒者！豐熙之徒，又不足論也。漢東萊張霸僞造《尚書》百二篇，以中古校之非是。霸辭受父，父有弟子尉氏樊，並詔存其書；後樊並謀反，乃黜其書。而《僞逸書·嘉禾》篇，有周公奉鬯，立于阼階，延登贊曰"假王涖攻"之語。莽遂依之，以稱居攝。是知惑世誣民，乃犯上作亂之漸，《大學》之教，禁於未發者，其必先之矣。

詩有入樂不入樂之分

鼓鐘之詩曰：以雅以南，子曰雅頌，各得其所。夫二南也，《豳》之七月也，《小雅》正十六篇，《大雅》正十八篇，頌也，詩之入樂者也。邶以下十二國之附於二南之後，而謂之風；《鴟鴞》以下六篇之附於豳，而亦說之豳；《六月》以下五十八篇之附於《小雅》，《民勞》以下十三篇之附於《大雅》，而謂之"變雅"，詩之不入樂者也。《樂記》子夏對魏文侯曰："鄭音好濫淫志，宋音燕女溺志，衛音趨數煩志，齊音敖辟喬志：此四者，皆淫於色而害於德，是以祭祀弗用也。"朱子曰："二南正風，房中之樂，鄉樂也；二雅之正雅，朝延之樂也；商周之頌，宗廟之樂也。至變雅則衰，周卿士之作，以言時政之得失；而邶、鄘以下，則太師所陳以觀民風者耳，非宗廟燕享之所用也。但据程大昌之辯，則二南目謂之南而別立正風之目者非。"

四詩

《周南》《召南》，南也，非風也；《豳》謂之豳詩，亦謂之雅，亦謂之頌，而非風也。南、豳、雅、頌，爲四詩而列國之風附焉，此《詩》之本序也。

孔子刪詩

孔子刪詩，所以存列國之風也；有善，有不善，兼而存之，猶古之太師陳詩以觀民風，而季札聽之，以知其國之興衰。正以二者之並陳，可以觀，可以聽；世非二帝，時非上古，固不能使四方之風有貞而無淫，有治而無亂也。文王之化，被於南國而；北鄙殺伐之聲，文王不能化也。使其詩尚存而入夫子之刪，必將存南音以繫文王之風，存北音以繫紂之風，而不容於沒一也。是以《桑中》之篇，《溱洧》之作，夫子不刪，志淫風也。《叔于田》爲譽段之辭，《揚之水》《椒聊》爲從沃之語，夫子不刪，著辭本也。淫奔之詩，錄之不一而止者，所以志其風之甚也。一國皆淫而中有不變者焉，則亟錄之。《將仲子》，畏人言也；《女曰雞鳴》；相警以勤生也；《出其東門》，不慕乎色也；《衡門》，不願外也：選其辭比其音，去其煩且濫者，此夫子之所謂刪也。後之拘儒不達此旨，乃謂淫奔之作不當錄於聖人之經，是何異唐太子宏謂商臣弒君不當載於《春秋》之策乎？眞希元文章正宗，其所選詩，一掃千古之陋，歸之正旨；然病其以理爲宗，不得詩人之趣。且如古詩十九首，雖非一人之作；而漢代之風，略具乎此。今以希元之所刪者讀之，不如飲美酒，被服紈與素，何以異乎？唐詩《山有樞》之篇，良人惟古歡，枉駕惠前綏，蓋亦邶詩雄雉于飛之義。牽牛識女，意仿大東；兔絲女蘿，情同車牽。十九作中，無甚優劣；必以坊淫正俗之旨，嚴爲繩削，雖矯昭明之枉，恐失國風之義。六代浮華，固當芟落，使徐、庾不得爲人，陳、隋不得爲代，無乃太甚，豈非執理之過乎？

何彼穠矣

《山堂考索》戴林氏曰："二南之詩，雖大概美詩，亦有刺詩；不徒西周之詩，而東周亦與焉。據'何彼穠矣'之詩可知矣。"其曰：平王之孫，齊侯之子；考《春秋》莊公元年，書王姬歸于齊，此乃桓王女、平王孫下嫁於齊襄公，非平王孫齊侯子而何？欲以爲西周之詩，於時未有平王；乃以平爲平正之王，齊爲齊一之侯，與《書》言甯王同義，此妄也。據詩人欲言其人之子孫，則必直言之。如稱衛莊姜則曰：齊侯之子，衛侯之妻，東宮之妹，邢侯之姨。姜韓侯取妻則曰：汾王之甥，蹶父之子。又何疑乎？且其詩刺詩也，以王姬徒有容色之盛，而無肅雝之德，何以使人化之？故曰："何彼穠矣？唐棣之華，曷不肅雝，王姬之車。"詩人若曰言其容色，固如唐棣矣；然王姬之車，胡不肅雝乎？是譏之也。按：此說桓王女平王孫則是，其曰刺詩，於義未允；蓋詩自邶、鄘以訖於檜、曹，皆太師之所陳者也。其中有美有刺，若二南之詩，則用之爲燕樂，用之爲鄉樂，用之爲射樂，用之爲房中樂；而鼓鐘之卒章，所謂以雅以南，《春秋傳》所謂象箾有籥，文王世子所謂胥鼓南者也。安得有刺？此必東周之後，其詩可以存二南之遺音，而聖人附之於篇者也。且自平王之東周，德日以衰矣；麥禾之取，繻葛之戰，幾無以令於兄弟之國。且莊王之世，魯、衞、晉、鄭，日以多故。於是王姬下嫁，以樹援於強大之齊，尋盟府之墜言，繼昏姻之舊好；且其下嫁之時，猶能修周之舊典，而容色之盛，禮節之備，有可取焉。聖人安得不錄之以示興周道於東方之意乎？蓋東周以後之詩，得附二南者，惟此一篇而已；後之儒者乃疑之，而爲是紛紛之說。是烏知聖人之意哉？或曰：詩之所言，但稱其容色，何也？曰："古者婦有四德，而容其一也。"言其容，則德可知矣。故《碩人》之詩，美其君夫人者，至無所不極其形容；而野麕之貞，亦云有女如玉。卽唐人爲妃主碑文，亦多有譽其姿色者。豈若宋代以下之人，以此爲諱而不道乎？夫婦人倫之本，昏姻王道之大，下嫁於齊，甥舅之國，太公之後，先王以周禮治諸侯之本也。詩之得附於南者，以此。舍是，則東周以後，事無可稱，而民間之淫刺皆屬之王風矣。況二南之與民風，其來自別，宣王之世，未嘗無雅；則平王以下，豈遂無南？或者此詩之舊附於南，而夫子不刪，要亦不異乎嚮者之說也。"何彼穠矣！"以莊王之事而附於召南；其於文侯之命，以平王之事而附於書一也。

邶鄘衛

邶、鄘、衞，本三監之地；自康叔之封，未久而統於衞矣。采詩者猶存其舊名，謂之邶、鄘、衞。邶、鄘、衞者，總名也，不當分某篇爲邶，某篇爲鄘，某篇爲衞。分而爲三者，漢儒之誤；以此詩之簡獨多，故分三名以各冠之，而非夫子之舊也。攷之《左氏傳》襄公二十九年，季札觀樂於魯，爲之歌邶鄘衞曰："美哉淵乎，憂而不困者也！吾聞衞康叔、武公之德如是，是其衞風乎！"而襄公三十一年，北宮父子之言，引衞詩曰："威儀棣棣，不可選也。"此詩今爲邶之首篇，乃不曰邶，而曰衞，是知累言之，則曰邶鄘衞，專言之，則曰爲一也。猶之言殷，《商書》言荆楚云爾。意者，西周之時，故有邶鄘之詩，及幽王之亡而軼之；而大師之職，猶不敢廢其名乎？然名雖舊而辭則今矣。

邶、鄘之亡久矣，故大師但有其名；而三國同風，無非衞人之作。檜之亡未久，而詩尚存；故別於鄭而各自爲風，匪風之篇，其西周未亡之日乎？

邶、鄘、衞，三國也，非三監也；殷之時，邦幾千里，周則分之爲三國。今其相距，不過百餘里。如《地理志》所言，於百里之間，而立此三監，又并武庚而爲一監，皆非也。宋陳傅良以爲自荆以南，蔡叔監之，管叔河南，霍叔河北；蔡故蔡國，管則管城，霍所謂霍太山也。其地縣廣，不得爲邶、鄘、衞也。

黎許二國

許無風而《載馳》之詩錄於鄘，黎無風而《式微》《旄丘》之詩錄於邶，聖人闡幽之旨，興滅之心也。

諸姑伯姊

《泉水》之詩，其曰諸姬，猶《碩人》之庶姜；古之來媵而爲姪娣者，必皆同姓之國。其年之長幼、序之昭穆，則不可知也。故有諸姑伯姊之稱，猶禮之言伯父伯兄也。貴爲小君，而能謙以下其衆妾，此所謂"其君之袂，不如其娣"者矣。

王事

"王事適我，政事一埤益我。"凡交於大國，朝聘、會盟、征伐之事，謂之王事；其國之事，謂之政事。

朝隮于西

"朝隮于西，崇朝其雨。"朱子引《周禮》"十煇"注，以隮爲虹是也。謂不終朝而雨止，則未然。諺曰："東虹晴，西虹雨。"蓋虹蜺雜亂之交，無論雨晴，而皆非天地之正氣。楚襄王登雲夢之臺，望高唐之觀，所謂朝雲者也。

王

邶、鄘、衞、王，列國之名，其始於成、康之世乎？惟周王撫萬邦巡侯甸，而太師陳詩以觀民風。其采於商之故都者，則繫之邶、鄘、衞；其采於東都者，則繫之王；其采於列國者，則各繫之其國。至驪山之禍，先王之詩，率已闕軼；而孔子所錄者，皆平王以後之詩，此變風之所由名也。詩雖變，而大師之本名則不敢變，此十二國之所以猶存其舊也。先儒謂王之名不當儕於列國，而爲之說曰："列《黍離》於國風，齊王德於邦君，誤矣。自幽王以上，太師所陳之詩亡矣。春秋時君卿大夫之賦詩無及之者，此孔子之所不得見也。"是故《詩》無正風。

《二南》也，《豳》也，小大《雅》也，皆西周之詩也，至於幽王而止。其餘十二國風，則東周之詩也。王者之迹熄而詩亡，西周之詩亡也；詩亡而列國之事迹不可得而見，於是晉之乘楚之《檮杌》、魯之《春秋》出焉。是之謂"詩亡然後《春秋》作也"。《周頌》，西周之詩也；《魯頌》，東周之詩也。成康之世，魯豈無詩，而今亦已亡矣。故曰"詩亡，列國之詩亡也"。其作於子之邦者，以《雅》、以《南》、以《豳》、以頌，則固未嘗亡也。

日之夕矣

"雞棲于塒，日之夕矣，牛羊下來"，君子當歸之時也。至是而不歸，如之何勿思也？

君子以嚮晦入宴息，日之夕矣而不來，則其婦思之矣；朝出而晚歸，則其母望之矣；夜居于外，則其友弔之矣。於文日夕爲退，是以樽罍無卜夜之賓，衢路有宵行之禁。故曰見星而行者，惟罪人與奔父母之喪者乎。至於酒德衰而酣身長夜，官邪作而昏夜乞哀，天地之氣乖而晦明之節亂矣！

大車

豈不爾思，畏子不敢，民免而無恥也；雖速我訟，亦不女從，有恥且格也。

鄭

自邶至曹，皆周初大師之次序。先邶、鄘、衛，殷之故都也；次之以王，周東都也。何以知其爲周初之次序？邶、鄘也，晉而謂之唐也，皆西周之序也；惟鄭乃宣王所封，中興之後，始立其名於大師；而列於諸國之先者，鄭亦王畿之內也，故次於王也。桓公之時，其詩不存，故首《緇衣》也。

楚吳諸國無詩

吳楚之無詩，以其僭王而刪之與非也，太師之本無也；楚之先，熊繹辟在荆山，筚路藍縷，以處草莽，惟是桃弧棘矢以共禦王事。而周無分器，岐陽之盟，楚爲荆蠻，置茅蕝，設望表，與鮮牟守燎而不與盟，是亦無詩之可采矣。況於吳自壽夢以前，未通中國者乎？滕、薛之無詩，微也；若乃虢鄶皆爲鄭滅，而虢獨無詩。陳、蔡皆列春秋之會盟，而蔡獨無詩，有司失其傳爾。

豳

自《周南》至《豳》，統謂之"國風"，此先儒之誤，程泰之辨之詳矣。《豳》詩不屬於"國風"，周世之國無豳，此非太師所采。周公追王業之始，作爲《七月》之詩，兼雅頌之，聲而用之；祈報之事，周禮籥章，逆暑迎寒則歙《豳》詩，祈年於田祖則歙《豳》雅，祭蜡則歙《豳》頌。雪山王氏曰："此一詩而三用也。"《鴟鴞》以下，或周公之作,或爲周公而作,則皆附於《豳》焉。雖不以合樂,然與二南同爲有周盛時之詩,非東周以後列國之風也。故他無可附。

言私其豵

"雨我公田,遂及我私。"先公而後私也。"言私其豵,獻豜于公。"先私而後公也。自天下爲家,各親其親,各子其子,而人之有私,私固情之所不能免矣。故先王弗爲之禁;非惟弗禁,且從而恤之。建國親侯胙土,命民畫井分田,合天下之私以成天下之公,此所以爲王政也。至於當官之訓,則曰"以公滅私"。然而祿足以代其耕,田足以供其祭,使之無將母之嗟,室人之謫,又所以恤其私也。此義不明久矣,世之君子,必曰"有公而無私",此後代之美言,非先王之至訓矣!

承筐是將

君子不親貨賄,束帛戔戔,實諸筐篚;非惟盡飾之道,亦所以遠財而養恥也。萬曆以後,士大夫交際,多用白金,乃猶封諸書册之間,進自閽人之手。今則觀呈坐上,徑出懷中,交收不假他人,茶話無非此物;衣冠而爲囊槖之寄,朝列而有市井之容。若乃拾遺金而對管寗,倚被囊而酬溫嶠,曾無愧色,了不關情,固其宜也。然則先王制爲《筐篚》之文者,豈非禁於未然之前,而示人以遠財之義者乎?以此坊民,民猶輕禮而重貨。

馨無不宜

宜室家、宜兄弟、宜子孫、宜民人也，吉蠲爲饎，是用孝享，禴祠烝嘗于公，先王得萬國之歡心，以事其先王也。

民之質矣日用飲食

民之質矣，日用飲食。夫使機智日生而姦僞萌起，上下且不相安，神奚自而降福乎？有起信險膚之族，則高后崇降弗祥；有禱張爲幻之民，則嗣王罔或克壽。是故有道之世，人醇工龐、商樸女童，上下皆有嘉德而至治，馨香感於神明矣。然則祈天永命之實，必在觀民；而斲雕爲樸，其道何由？則必以厚生爲本。

羣黎，庶人也；百姓，百官也。民之質矣，兼百官與庶人而言，猶曰人之生也，直也。

小人所腓

小人所腓，古制一車甲士三人，步卒七一二人，炊家干十人[1]，固守衣裝五人，廝養五人，樵汲五人；隨車而動，如足之腓也。步乘相資，短長相衞，行止相扶，此所以爲節制之師也。繻葛之戰，鄭原繁、高渠、彌以中軍奉公爲"魚麗"之陳，先編後伍，伍乘彌縫，卒不隨

---

[1] "七一二"當爲"七十二"，"炊家干"當爲"炊家子"。《孫子·作戰》中有"凡用兵之法，馳車千駟，革車千乘，帶甲十萬"一句，杜牧注引《司馬法》曾提到"一車，甲士三人，步卒七十二人，炊家子十人"。

車，遇闕卽補，斯已異矣。大鹵之師，魏舒請毀車以爲行伍，乘爲三伍，爲伍陳以相離，兩於前伍於後，專爲右角，參爲左角，偏爲前拒，專任步卒，以取捷速。然亦必山林險阻之地而後可用也。步不當騎，於是趙武靈王爲變服騎射之令，而後世因之，所以取勝於敵者，益輕益速；而一敗塗地，亦無以自保，然後知車戰之爲謀遠矣。終春秋二百四十二年，車戰之時，未有斬首至於累萬者；車戰廢而首功興矣。先王之用兵，服之而已，不期於多殺也；殺人之中，又有禮焉。以此毒天下而民從之，不亦宜乎？宋沈括對神宗言：車戰之利，見於歷世。然古人所謂兵車者，輕車也；五御折旋，利於捷速。今之民間，輜車重大，日不能行三十里；故世謂之太平車，但可施於無事之日爾。

變雅

《六月》《采芑》《車攻》《吉日》，宣王中興之作，何以爲變雅乎？《采芑》，傳曰：「言周室之強，車服之美也。」言其強美，斯劣矣。觀夫《鹿鳴》以下諸篇，其於君臣兄弟朋友之間，無不曲當，而未嘗有夸大之辭；《大雅》之稱文武，皆本其敬天勤民之意。至其言伐商之功，盛矣，大矣，不過曰「會朝清明」而止；然則宣王之詩，不有侈於前人者乎？一傳而周遂亡。嗚呼！此太子晉所以謂我先王厲、宣、幽、平，而貪天禍，固不待汸水之憂、祈父之刺而後見之也。

太[1]原

「薄伐玁狁，至於大原。」毛、鄭皆不詳其地，其以爲今太原陽曲

---

[1] "太"，實爲"大"。以下類似情況者，徑改不一一出註。——編者註

縣者，始於朱子，而愚未敢信也。古之言大原者多矣，若此詩則必先求涇陽所在，而後大原可得而明也。《漢書·地理志》安志郡有涇陽縣，开頭山在西，《禹貢》涇水所出。《後漢書·靈帝紀》段熲破先零羌於涇陽；注，涇陽縣屬，安定在原州。《郡縣志》原州平涼縣，本漢涇陽縣地，今縣西四十里涇陽故城是也。然則大原當卽今之平涼，而後魏立爲原州，亦是取古大原之名爾。計周人之禦獫狁，必在涇原之間；若晉陽之大原，在大河之東，距周京千五百里，豈有寇從西來，兵乃東出者乎？故曰"天子命我，城彼朔方"，而《國語》宣王料民于大原；亦以其地近邊而爲禦戎之備，必不料之於晉國也。又按《漢書》賈捐之言，秦地南不過閩、越，北不過大原，而天下潰畔；亦是平涼，而非晉陽也。若《書·禹貢》："旣修大原，至于岳陽。"《春秋》晉荀吳帥師敗狄於大原，及子產對叔向宣汾洮障大澤以處大原，則是今之晉陽，而豈可以晉之大原爲周之大原乎？吾讀《竹書紀年》，而知周之世有戎禍也，蓋始於穆王之征犬戎，六師西指，無不率服，於是遷戎於大原。以黷武之兵，而爲徙戎之事；懿、孝之世，戎車屢征。至夷王七年，虢公帥師伐大原之戎，至於俞泉，獲馬千匹；則是昔日所內徙者，今爲寇而征之也。宣王之世，雖號中興，三十三年，王師伐大原之戎不克；三十八年，伐條戎奔戎，王師敗逋；二十九年[1]，伐羌戎，戰於千畝，王師敗逋；四十年，料民於大原。其與後漢西羌之叛，大略相似。幽王六年，命伯士帥師伐六濟之戎，王師敗逋。於是關中之地，戎得以整居其間；而陝東之申侯，至與之結盟而入寇。蓋宣王之世，其患如漢之安帝也；幽王之世，其患如晉之懷帝也。戎之所由來，非一日之故；而三川之震，檿弧之謠，皆適會其時者也。然則宣王之功，計亦不過唐之宣宗，而周人之美宣，亦猶魯人之頌僖也。事劣而文侈

---

[1] "二十九年"，當爲"三十九年"。——編者註

矣。書不盡言，是以論其世也。如毛公者，豈非獨見其情於意言之表者哉？

莠言自口

莠言，穢言也，若鄭享趙孟而伯有賦《鶉奔》之詩是也。君子在官言官，在府言府，在庫言庫，在朝言朝；狎侮之態，不及於小人，謔浪之辭，不加於妃妾。自世尚通方，人安媟慢；宋王登牆之見，滴于滅燭之歡，遂乃告之君王，傳之文字，忘其穢論，敘爲美談。以至執女手之言，發自臨喪之際；齧妃屑之詠，宣於侍宴之餘。於是搖頭而舞八風，連臂而歌萬歲。去人倫，無君子，而國命隨之矣！

臧孫紇見衛侯於郲，退而告其人曰：“衛侯其不得入矣！其言糞土也，亡而不變，何以復國？”以糞土喻其言，猶詩之莠言也。

皇父

王室方騷，人心危懼；皇父以柄國之大臣，而營邑于向。於是王有事之多藏者隨之而去矣，庶民之有車馬者隨之而去矣：蓋亦知西戎之已偪，而王室之將傾也。以鄭桓公之賢，且寄孥於虢、鄶，則其時之國勢可知。然不顧君臣之義，而先士以爲民望，則皇甫甯爲之首。昔晉之王衍，見中原已亂，乃說東海王越以弟澄爲荆州，族弟敦爲青州。謂之曰：“荆州有江漢之固，青州有負海之險；卿二人在外，而吾留此，足以爲三窟矣。”鄙夫之心，亦千載而符合者乎？

握粟出卜

古時用錢未廣，《詩》《書》皆無貨泉之文，而問卜者亦用粟。漢初猶然，《史記·日者傳》，卜而有不審，不見奪糈。

私人之子百僚是試

孔氏曰："私人，皁隸之人也。天下有道，小德役大德，小賢役大賢；故貴有常尊，賤有等威，所以辨上下而定民志也。"周之衰也，政以賄成；而官之師旅，不勝其富。又其甚也，私人之子，皆得進而服官，而文、武、周公之法盡矣！候人而赤芾，曹是以亡；不狩而懸貆，魏是以削。賤妨貴，小加大，古人列之六逆；又不但仍叔之子，譏其年弱，尹民之媚，刺其材瑣而已。自古國家吏道雜而多端，未有不趨於危亂者，畢賢才、慎名器，豈非人生之所宜兢兢自守者乎？

不醉反恥

"彼醉不臧，不醉反恥。"所謂一國皆狂，反以不狂者爲狂也。以箕子之忠而不敢對紂之失日，況中材以下，有不尤而效之者乎？"卿士師，師非度"，此商之所以亡；"蘭芷變而不芳兮，荃蕙化而爲茅"，此楚之所以六千里而爲讎人役也。是以聖王重特立之人，而遠苟同之士；保邦於未危，必自此始。

上天之載

上天之載，無聲無臭；儀刑文王，萬邦作孚。君子以事天者如之何，亦曰"儀刑文王"也如之何。爲人君止於仁，爲人子止於孝，爲人父止於孝，爲人父止於慈，與國人交止於信而已。❶

王欲玉父

《民勞》，本召、穆公諫王之辭，乃託爲王意以戒公卿百執事之人。故曰"王欲玉女，是用大諫"；猶之轉予于恤，而呼祈父，從事不均而怨大夫。所謂言之者無罪，而聞之者足以戒也；豈亦監謗之時，疾威之日不敢指斥而爲是言乎？然而亂君之國，無治臣焉；至於"我卽爾謀，聽我囂囂"，則又不獨王之愎諫矣！

夸毗

"天下方懠，無爲夸毗。"釋訓曰："夸毗，體柔也。"天下惟體柔之人，常足以遺民憂而召天禍。憂侯湛有云："居位者以善身爲靜，以寡交爲愼，以弱斷爲重，以怯言爲信。"白居易有云："以拱默保位者爲明智，以柔順安身者爲賢能，以直言危行者爲狂愚，以中立守道者爲凝滯；故朝寡敢言之士，庭鮮執咎之臣。曰國及家寖而成俗，故父訓其子曰，無介直以立仇敵；兄教其弟曰，無方正以賈悔尤。且愼默

---

❶ "爲人父止於孝"，此句有誤。據《禮記·大學》，這幾句爲"爲人君止於仁，爲人臣止於敬，爲人子止於孝，爲人父止於慈，與國人交止於信。"——編者註

積於中，則職事發於外；強毅果斷之心屈，畏忌因循之性成。反謂率職而居正者，不達於時宜；當官而行法者，不通於事變，是以殿最之文，雖書而不實；黜陟之典，雖備而不行。"羅點有云："無所可否，則曰詩體；與世浮沉，則曰有量；衆皆默己獨言，則曰沽名；衆皆獨己獨清，則曰立異。"觀三子之言，其於末俗之敝，可謂懇切而詳盡矣；至於佞諂日熾，剛克消亡，朝多沓沓之流，士保容容之福。苟由其道，無變其俗，必將使一國之人皆化爲巧言令色孔壬而後已。然則喪亂之所從生，豈不階於夸毗之輩乎？是以屈原疾楚國之士，謂之如脂如韋，而孔子亦云"吾未見剛者"。

流言以對

彊禦多懟，即上章所云彊禦之臣也，其心多所懟疾，而獨窺人主之情；深居禁中，而好聞外事，則假流言以中傷之——若二叔之流言以間周公是也。夫不根之言，何地蔑有？以斛律光之舊將，而有百升明月之謠；以裴度之元勳，而有坦腹小兒之誦。所謂流言以對者也。如此則寇賊生乎內，而怨詛興乎下矣；郤宛之難進，胙者莫不謗令尹，所謂侯作侯祝者也。孔氏疏《采苓》曰："讒言之起，由君數間小事於小人也。"可不慎哉！

申伯

申伯，先王之元舅也。立功於周，而吉甫作《崧高》之誦；其孫女爲幽王后，無罪見黜。申侯乃與犬戎攻殺幽王，乃未幾而爲楚所病，《戍申》之詩作焉。當宣王之世，周興而申以強；當平王之世，周衰而申以弱；至莊王之世，而申爲楚縣矣。二舅之於周，功罪不同，而其所以自取如此。宋左師之告華亥曰："女喪而宗室，於人何有？人亦於女何有？"讀二詩者，豈徒論二人之得失哉？

德輶如毛

"德輶如毛"，言易舉也。故曰："一日克己復禮，天下歸仁焉。"又曰："有能一日用其力於仁矣乎，我未見力不足者。"

韓城

《水經注》：聖水徑方城縣故城北，又東南徑韓城東。《詩》：溥彼韓城，燕師所完，王錫韓侯，其追其貊，奄受北國。王肅曰：今涿郡方城縣有韓侯城，世謂寒號，非也。按《史記·燕世家》，易水東分爲梁門，今順天府固安縣，有方城村，卽漢之方城縣也。《水經注》亦云：濕水徑良鄉縣之化界，歷梁山南，高梁水出焉。是所謂"奕奕梁山"者矣。舊說以韓國在同州韓城縣，曹氏曰："武王子初封於韓，其時召襄公封於北燕，實爲司空，王命以燕衆城之。"竊疑同州去燕二千餘里，卽令召公爲司空，掌邦土量地遠近，興事任力，亦當發民於近甸而已，豈有役二千里外之人而爲築城者哉？召伯營申，亦曰因是謝人。齊桓城邢，不過宋、曹二國；而《召誥》庶殷攻位，蔡氏以爲此遷洛之民，無役紂都之理，此皆經中明證。況其追其貊，乃東化之夷；而蹶父之靡國不到，亦似謂韓土在北陲之遠也。又考王符《潛夫論》曰："昔周宣王時，有韓侯，其國近燕。"詩云："普彼韓城，燕師所完。"其後韓西亦姓韓，爲衛滿所伐，遷居海中；漢時，去古未遠，當有傳受。令以《水經注》爲定。

按毛傳，梁山、韓城，皆不言其地；鄭氏箋乃云：梁山，今左馮翊夏陽西北。韓，姬姓之國也，後爲晉所滅，故大夫韓氏以爲邑名焉。至"溥彼韓城，燕師所完"，則鄭已自知其說之不通，故訓燕爲安，而曰大矣，彼韓國之城，乃古平安時衆民之所築完。惟王肅以梁山爲涿郡方城縣之山，而以燕爲燕國。今於梁山則用鄭說，於燕則用王說，二者不可兼通，而又巧立召公爲司空之說，可謂甚難而實非矣。又其追其貊，鄭以經傳說貊，多是東夷；故職方掌四夷九貊。鄭志答趙商云："九貊，卽九夷也。"又秋官貊隸注云："征東北夷所獲。"而漢時所謂濊貊者，皆在東北。因於箋末添二語云：其後追也貊也，爲獫狁所逼，稍稍東遷。此又可見康成之不自安而遷就其說也。

如山之苞如川之流

如山之苞，營法也；如川之流，陳法也。古之善用師者，能爲營而後能爲陳。故曰"師出以律"，又曰"不愆於四伐、五伐、六伐、七伐，乃止齊焉"。管子霸國之謀，且猶作內政以寄軍令；使之耳目素習，心志素定，如山之不可動搖，然後出而用之，若決水於千仞之谿矣。

不弔不祥

威儀之不類，賢人之喪亡，婦寺之專橫，皆國之不祥；而日月之眚，山川之變，鳥獸草木之妖，其小者也。傳曰："人無釁焉，妖不自作。"故孔子對哀公以老者不教、幼者不學爲俗之不詳。荀子曰："人有三不祥：幼而不肯事長，賤而不肯事貴，不肖而不肯事賢，是人之三不祥也。"而武王勝殷，得二俘而問焉曰："若國有妖乎？"一俘對曰："吾國有妖，晝見星而天雨血。"一俘對曰："此則妖也，非其大者也。吾國之妖，子不聽父，弟不聽兄，君令不行，此妖之大者也。"武王避席再拜之。自余所逮見五六十年，國俗民情，舉如此矣！不教不學之徒滿於天下，而一二稍有才知者，皆少正卯、鄧析之徒，是豈侍三川竭而悲周，岷山崩而憂漢哉？《書》曰："習與性成。"《詩》云："如彼泉流，無淪胥以敗。"識時之士所以引領於哲王，縈心於耆德也。

駉

魯僖公儉以足用，寬以愛民，務農重穀，而有坰牧之盛；衛文公大布之衣，大帛之冠，務材訓農，通商惠工，敬教勸學，授方任能，而有騋牝三千之多。然則古之馬政，皆本於田功也；吾未見廄有肥馬、野有餓莩而能國者也。

實始翦商

太王當武丁、祖甲之世，殷道未衰，何從有翦商之事？僖公之世，距太王已六百餘年，作詩之人，特本其王迹所基，而侈言之爾。猶《泰誓》之言"命我文考，肅將天威"也，猶《康誥》之言"天乃大命文王殪戎殷"也，亦復人追言之也。張子曰："一日之間，天命未絕，猶是君臣。"

元鳥

讀經傳之文，終商之世，無言祥瑞者；而大戊之祥桑，高宗之雊雉，惕於天之見妖，而修德者有二焉。則知監於夏王之矯誣上天，而慄慄危懼，蓋湯之家法也。簡狄吞卵而生契，不亦矯誣之甚乎？毛氏傳曰："元鳥鳦，鳦也。秋分元鳥降湯之先祖，有娀氏女簡狄配高辛氏，帝率與之祈於郊禖而生契。"故本其爲天所命，以元鳥至而生焉，可以破史遷之謬矣。

敷奏其勇

"敷奏其勇，不震不動，不戁不竦。"苟非大受之人，驟而當天下之重任，鮮不恐懼而失其守者，此公孫丑所以有動心之問也。升陑伐夏，創未有之事而不疑，可謂天錫之勇矣！何以能之？其"上帝臨女無貳爾心"之謂乎？

湯武，身之也；學湯之勇者，宜何如震驚百里，不喪匕鬯，近之矣。

魯頌商頌

《詩》之次序，猶《春秋》之年月；夫子因其舊文，述而不作也。頌者美盛德之形容，以告宗廟；魯之頌，頌其君而已，而列之《周頌》之後者，魯人謂之頌也。世儒謂夫子尊魯而進之爲頌，是不然。魯人謂之頌，夫子安得不謂之頌乎？爲下不倍也。《春秋》書公書郊禘，亦同其義。孟子曰："其文則史，不獨《春秋》也，雖六經皆然。"今人以爲聖人作書，必有驚世絕俗之見，此是必私心待聖人；世人讀書，如王介甫纔入貢院，而一院之事皆欲紛更，此最學者之大病也。

列國之風，何以無魯大師？陳之固曰："魯詩不謂之頌矣。孔子，魯人也；從魯而謂之頌，此如魯史之書公也。"然而《泮水》之文，則固曰魯侯也。

商何以在魯之後？曰：草廬吳氏嘗言之矣：太師所職者，當代之詩也；商則先代之詩，故次之周、魯之後。

詩序

詩之世次，必不可信，今詩亦未必皆孔子所正。且如"褒姒滅之"，幽王之詩也，而次於前；"召伯營之"，宣王之詩也，而次於後。序者不得其說，遂併《楚茨》《信南山》《甫田》《大田》《瞻彼洛矣》《裳裳者華》《桑扈》《鴛鴦》《魚藻》《采菽》十詩，皆爲刺幽王之作，恐不然也。又如《碩人》，莊姜初歸事也，而次於後；《綠衣》《日月》《終風》，莊姜失位而作，燕燕送歸，妾作擊鼓，國人怨州吁而作也，而次於前。《渭陽》，秦康公爲太子時作也，而次於後；《黃鳥》，穆公薨後事也，而次於前。此皆經有明文可據，故鄭氏謂《十月之交》《雨無正》《小旻》《小宛》，皆刺厲王之詩。漢興之初，師移其第耳；而《左氏傳》楚莊王之言曰：武王作武，其卒章曰：耆定爾功；其三曰：敷時釋思，我徂維求定；其六曰：綏萬邦，屢豐年。今詩但以"耆定爾功"一章爲武，而其三爲賚，其六爲桓，章次復相隔越。《儀禮》歌召南三篇，越《草蟲》而取《采蘋》；《正義》以爲《采蘋》舊在《草蟲》之前。知今日之詩，已失古人之次，非夫子所謂"雅頌各得其所"者矣。

魯之春秋

《春秋》不始於隱公。晉韓宣子聘，魯觀書於太史氏，見易象與魯《春秋》，曰："周禮盡在魯矣！吾乃今知周公之德與周之所以王也！"蓋必起自伯禽之封，以洎於中世；當周之盛，朝覲、會同、征伐之事皆在焉。故曰周禮而成之者，古之良史也。自隱公以下，世道衰微，史失其官；於是孔子懼而修之，自惠公以上之文，無所改焉。所謂"述而不作"者也。自隱公以下，孔子以己意修之，所謂"作春秋"也。然則自惠公以上之春秋，固夫子所善而從之者也。惜乎其書之不存也！

春秋闕疑之書

孔子曰："吾猶及史之闕文也。"史之闕文，聖人不敢益也。《春秋·桓公十七年》："冬十月朔，日有食之。"傳曰：不書日，官失之也。《僖公十五年》："夏五月，日有食之。"傳曰：不書朔與日，官失之也。以聖人之明，千歲之日至可坐而致，豈難考曆布算以補其闕？而夫子不敢也。況於史文之誤而無從取正者乎？況於列國之事得之傳聞不登於史策者乎？左氏之書，成之者非一人，錄之者非一世，可謂富矣，而夫子當時未必見也。史之所不書，則雖聖人有所不知焉者。且《春秋》，魯國之史也；即使歷聘之餘，必聞其政，遂可以百二十國寶書增入本國之記注乎？若乃"改葬惠公"之類，不書者，舊史之所無也。曹大夫、宋大夫、司馬、司城之不名者，闕也，鄭伯髡頑、楚子麇、齊侯陽生之實弒而書卒者，傳聞不勝簡書，是以從舊史之文也。左氏出於獲麟之後，網羅浩博，實夫子之所未見；乃後之儒者，似謂已有此書，夫子據而筆削之。卽左氏之解經，於所不合者，亦多曲爲之說；而經生之論，遂以聖人所不知爲諱，是以新說愈多而是非靡定。故今人學《春秋》之言，皆郢書燕說，而夫子之不能逆料者也。子不云乎"多聞闕疑，愼言其餘"，豈特告子張乎？脩《春秋》之法，亦不過此。

《春秋》，因魯史而修者也；《左氏傳》，采列國之史而作者也。故所書晉事，自文公主夏盟，政交於中國，則以列國之史參之而一從周正，自惠公以前，則閒用夏正，其不出於一人明矣。其謂贈仲子爲子氏未薨，平王崩爲赴以庚戌，陳侯鮑卒爲再赴，似皆揣摩而爲之說。

三正

三正之名，見於《甘誓》。蘇氏以爲自舜以前，必有以建子建丑爲正者，其來尚矣。《微子之命》曰："統承先王，修其禮物。"則知杞用夏正，宋用殷正。若朝覲會同，則用周之正朔；其於本國，自用其先王之正朔也。獨是晉爲姬姓之國，而用夏正則不可解。杜預《春秋》後序曰：'晉太康中，汲縣人發其界內舊冢，得古書，皆編簡科斗文字；記晉國起自殤叔，次文侯、昭侯，以至曲沃、莊伯。莊伯之十一年十一月，魯隱公之元年正月也，皆用夏正，建寅之月爲歲首編年。合考春秋僖公五年，晉侯殺其世子申生，經書"春"，而傳在上年之"十二月"。十年，里克弒其君卓，經書"正月"，而傳在"上年之""十一月"。十一年，晉殺其大夫丕鄭父，經書"春"，而傳在上年之"冬"。十五年，晉侯及秦伯戰于韓，獲晉侯，經書"十有一月"

壬戍"❶，而傳則爲"九月壬戌"。經傳之文，或從夏正，或從周正，所以錯互如此；與《史記》漢元年冬十月"五星聚東井"，乃"秋七月"之誤，正同。僖公五年十二月丙子朔，虢公醜奔京師，而卜偃對獻公以爲九月、十月之交；襄公三十年，絳縣老人言臣生之歲，正月甲子朔，以長曆推之，爲魯文公十一年三月甲子朔。此又晉人用夏正之見於傳者。

《僖公二十四年》："冬，晉侯夷吾卒。"杜氏注："文公定位而後告。"夫不告文公之入，而告惠公之薨，以上年之事爲今年之事；新君入國之日，反爲舊君卽世之年，非人情也。疑此經乃錯簡。當在二十三年之冬。傳曰："九月晉惠公卒。"晉之九月，周之冬也。

《隱公六年》："冬，宋人取長葛。"傳作"秋"。劉原父曰："《左氏》日月與經不同者，丘明作書，雜取當時諸侯史策之文；其用三正，參差不一，往往而迷。故經所云冬，傳謂之秋也。"攷宋用殷正，則建酉之月，周以爲冬，宋以爲秋矣。

《桓公七年》："夏，穀伯綏來朝，鄧侯吾離來朝。"傳作"春"。劉原父曰："傳所據者以夏，正紀時也。"

文公十六年，齊公子商人弑其君舍，經在九月，傳作七月。

《隱公三年》："夏四月，鄭祭足帥師取溫之麥，秋又取成周之禾。"若以爲周正，則麥禾皆未熟。《四年》："秋，諸侯敗❷之師敗鄭徒兵。取其禾而還。"亦在九月之上，是夏正六月，禾亦未熟。注云："取者，蓋芟踐之。"終是可疑。按傳中雜取三正，多有錯誤；左氏雖發其例於隱之元年。曰"春王周正月"，而間有失於改定者。文多事繁，固著書之君子所不能免也。

---

❶ "戍"，當爲"戌"。原書中有"戊""戍""戌"混用的情況，以下徑改，不一一出註。——編者註

❷ 此"敗"字疑衍字。——編者註

閏月

《左氏傳·文公元年》：“於是閏三月，非禮也。”《襄公二十七年》：“十一月乙亥朔，日有食之，辰在申，司曆過也，再失閏矣。”《哀公十二年》：“冬十二月，螽。仲尼曰：‘今火猶西流，司曆過也。’”並是魯曆。春秋時，各國之曆，亦自有不同者，經特據魯曆書之耳。《成公十八年》：“春王正月，晉殺其大夫胥童。”傳在上年閏月。《哀公十六年》：“春王正月己卯，衛世子蒯聵自戚入于衛，衛侯輒來奔。”傳在上年閏月。皆魯失閏之證，杜以爲從告，非也。

《史記》：“周襄王二十六年，閏三月；而《春秋》非之。”則以魯曆爲周曆，非也。平王東遷以後，周朔之不頒久矣；故《漢書·律曆志》六曆有黄帝、顓頊、夏、殷、周及魯曆。其於左氏之言失閏，皆謂魯曆，蓋本劉歆之說。

王正月

《廣川書跋》載晉《姜鼎銘》曰：“惟王十月乙亥。”而論之曰：“聖人作《春秋》於歲首，則書王；說者謂謹始以正端。今晉人作鼎而曰王十月，是當時諸侯皆以尊王正爲法，不獨魯也。”李夢陽言：今人往往有得秦權者，亦有王正月字。以是觀之，春秋王正月，必魯史本文也。言王者，所以別于夏、殷也，並無他義。劉原父以王之一字爲聖人新意，非也。子曰：“述而不作，信而好古。”亦於此見之。

趙伯循曰：“天子常以今年冬，班明年正朔於諸侯；諸侯受之，每奉月朔甲子以告於廟，所謂稟正朔也。故曰王正月。”

《左氏傳》曰："元年春王周正月。"此古人解經之善，後人辨之累數百千言而未明者，傳以一字盡之矣。

未爲天子，則雖建子而不敢謂之正；《武成》惟一月壬辰是也。已爲天子，則謂之正而復加王，以別於夏、殷；《春秋》王正月是也。

春秋時月並書

《春秋》時月並書，於古未之見；攷之尚書，如《泰誓》十有三年春大會于孟津，《金縢》秋大熟未穫，言時則不言月。《伊訓》惟元祀十有二月乙丑，《太甲中》惟三祀十有二月朔，《武成》惟一月壬辰，《康誥》惟三月哉生魄，《召誥》三月惟丙午，《胐多士》惟三月，《多方》惟五月丁亥，《顧命》惟四月哉生魄，《畢命》惟十有二年六月庚午胐。言月則不言時，其他鐘鼎古文多如此；《春秋》獨並舉時月者，以其爲編年之史，有時有月有日，多是義例所存，不容於闕一也。

建子之月而春，此周人謂之春矣。《後漢書·陳寵傳》曰："天正建子，周以爲春元。"熊朋來《五經》說曰："陽生於子，卽爲春；陰生於午，卽爲秋。此之謂大統。"

謂一爲元

楊龜山答胡康侯書曰："蒙錄示春秋第一段義，所謂元者仁也，仁人心也；《春秋》深明其用，當自貴者始，故治國先正其心。"其說似太支離矣！恐改元初無此意。三代正朔，如忠質文之尚循環無端不可增損也，斗綱之端連貫營室。織女之紀指牽牛之初，以紀日月，故曰星紀五星起其初，日月起其中，其時爲冬至，其辰爲丑；三代各據一統，明三統常合而迭爲首，周環五行之道也。周據天統，以時言也；商據地統，以辰言也；夏據人統，以人事言也。故三代之惟夏時爲正，謂《春秋》以周正紀事是也。正朔必自天子，出改正朔，恐聖人不爲也。若謂以夏時冠月，如定公元年冬十月隕霜殺菽，若以夏時言之，則十月隕霜乃其時也，不足爲異。周十月，乃夏之八月；若以夏時冠月，當曰秋十月也。

《五代史・漢本紀》論曰："人君卽位稱元年，常事爾。孔子未修《春秋》，其前固已如此；雖暴君昏主妄庸之史，其記事先後遠近，莫不以歲月一二數之，乃理之自然也。其謂一爲元，蓋古人之語爾；及後士曲學之士，始謂孔子書元年爲《春秋》大法，遂以改元爲重事。"徐無黨注曰："古謂歲之一月，亦不云一，而曰正月。"《國語》言六呂曰："元閒大呂，《周易》列六爻曰初九。"大抵古人言數多不云一，不獨謂年爲元也。呂伯恭《春秋講義》曰："命日以元，虞典也。命祀以元，商訓也。"年紀日辰之首，其謂之元，蓋已久矣。豈孔子作《春秋》而始名之哉？說《春秋》，乃言《春秋》者謂一爲元，殆欲深求經旨而反淺之也。

改月

三代改月之證，見於《白虎通》所引《尚書大傳》之言甚明。其言曰："夏以孟春月爲正；殷以季冬月爲正；周以仲冬月爲正。夏以十三月爲正，色尚黑，以平旦爲朔；殷以十二月爲正，色尚白，以雞鳴爲朔；周以十一月爲正，色尚赤，以夜半爲朔。不以二月後爲正者，萬物不齊，莫適所統。故必以三微之月也。"周以十一月爲正，卽名正月，不名十一月矣。殷以十二月爲正，卽名正月，不名十二月矣；夏以十三月爲正，卽名正月，不名十三月矣。胡氏引《伊訓》"太甲十有二月"之文，以爲商人不改月之證，與孔傳不合，亦未有明據。

胡氏又引秦人以亥爲正，不改時月爲證，則不然。《漢書·高帝紀》春正爲注，師古曰："凡此諸月號，皆太初正歷之後，記事者追改之，非當時本稱也。"以十月爲歲首，卽謂十月爲正月；今此眞正月，當時謂之四月耳。他皆類此。《叔孫通傳》"諸侯羣臣朝十月"，師古曰："漢時尚以十月爲正月，故行朝野昏禮，史家追書十月。"

天王

《尚書》之文，但稱王，《春秋》則曰天王；以當時楚、吳、徐、越，皆僭稱王，故加天以別之也。趙子曰："稱天王以表無二尊。"是也。

邾儀父

邾儀父之稱字者，附庸之君，無爵可稱；若直書其名，又非所以待鄰國之君也，故字之。卑於子男，而進於蠻夷之國，與蕭叔朝公同一例也。左氏曰貴之，公羊曰褒之，非矣。

邾儀父稱字，附庸之君也；郳犂來來朝稱名，下矣！介葛廬來，不言朝，又下矣！白狄來，略其君之名，又下矣！

仲子

隱公元年秋七月，天王使宰咺來歸惠公仲子之賵；曰惠公仲子者，惠公之母，仲子也。文公九年冬，秦人來歸，僖公成風之襚；曰僖公成風者，僖公之母成風也。《穀梁傳》曰：「母以子氏。仲子者何？惠公之母，孝公之妾也。」此說得之左氏，以爲桓公之母，桓未立而以夫人之禮尊其母，又未薨而賵，皆遠於人情，不可信。所以然者，以魯有兩仲子，孝公之妾一仲子，惠公之妾又一仲子，而隱之夫人又是子氏，二傳所聞不同，故有紛紛之說。

此亦《魯史》原文，蓋魯有兩仲子，不得不稱之曰惠公仲子也。考仲子之宮，不言惠公者，承上文而略其辭也。

釋例曰：「婦人無外行，于禮當繫夫之謚以明所屬。如鄭武公娶于申曰武姜，衞莊公娶于齊東宮得臣之妹曰莊姜，是也。」妾不得體君，不得已而繫之子，仲子繫惠公而不得繫於孝公，成風繫僖公而不得繫於莊公，抑所謂名不正則言不順者矣。春秋十二公夫人之見於經者，桓夫人文姜、莊夫人哀姜、僖夫人聲姜、宣夫人穆姜、成夫人齊姜，皆書薨書葬。文夫人出姜，不書葬薨；隱夫人子氏，書薨不書葬；昭夫人孟子，變薨言卒不書葬。不稱夫人，其妾母之見於經者，僖母成風、宣母敬嬴、襄母定姒、昭母齊歸，皆書薨書葬，稱夫人小君；惟哀母定姒變薨言卒，不稱夫人小君。其他若隱母聲子、桓母仲子、閔母叔姜，皆不見於經；定母則經傳皆闕，而所謂惠公仲子者，惠公之母也。

二年十有二月乙卯，夫人子氏薨，《穀梁傳》夫人者，隱公之妻也；卒而不書葬，夫人之義從君者也。《春秋》之例，葬君則書，葬君之母則書，葬妻則不書，所以別禮之輕重也。隱見存而夫人薨，故葬不書。注謂隱弒賊不討，故不書者，非。

成風敬嬴

成風、敬嬴、定姒、齊歸之書夫人書小君何也？邦人稱之，舊史書之，夫子焉得而貶之？在後世，則秦羊氏、漢薄氏之稱太后也，直書而失其見矣。定姒書葬而不書夫人小君，哀未君也。孟子則并不書葬，不成喪也。

君氏卒

君氏卒，以定公十五年；姒氏卒，例之，從左氏爲是。不言子氏者，子氏非一，故繫之君以爲別，猶仲子之繫惠公也。若天子之卿，則當舉其名，不但言氏耳。

或疑君氏之名別無所見，《左傳》襄公二十六年，左師見夫人之步馬者，問之；對曰：君夫人氏也。蓋當時有此稱，然則去其夫人，卽爲君氏矣。

夫人子氏，隱之妻嫡也，故書薨；君氏，隱之母，惠公之繼室妾也，故書卒。

不書葬者何？《春秋》之初，去西周未遠，嫡妾之分尚嚴；故仲子別宮而獻六羽，所謂"猶秉周禮"者也。僖公以後日以僭踰，於經可見矣。

滕子薛伯杞伯

滕侯之降而子也，薛侯之降而伯也，杞侯之降而伯、而子也，貶之乎？貶之者，人之可也，名之可也；至於名盡之矣，降其爵，非情也。古之天下，猶今也；崔呈秀、魏廣微天下之人無字之者，言及之則名之，名之者惡之也，惡之則名之焉盡之矣。若降其少師而爲太子少師，降其尚書而爲侍郎、郎中、員外，雖童子亦知其不可矣。然則三國之降焉何？沙隨程氏以爲是三國者，皆微困於諸侯之政而自貶焉。春秋之世，衞稱公矣；及其末也，貶而侯貶而君。夫滕、薛、杞，猶是也，故《魯史》因而書之也。

小國貧，則滕、薛、杞降而稱伯、稱子；大國彊，則齊世子光列於莒、邾、滕、薛、杞、小邾之上；時爲之也。左氏謂以先至而進之，办託辭焉爾。

闕文

桓公四年七年，闕秋、冬二時；定公十四年，闕冬一時；昭公十年十二月無冬，僖公二十八年冬無月而有壬申、丁丑，桓公十四年有夏五而無月，桓公十七年冬十月有朔而無甲子，桓公三年至九年、十一年至十七年無王，桓公五年春正月甲戌、己丑，陳侯鮑卒，甲戌有日而無事，皆《春秋》之闕文，後人之脫漏也。《穀梁》有"桓無王"之說，竊以爲夫子於繼隱之後而書公卽位，則桓之志見矣，奚待去其王以爲貶邪？王使榮叔來錫桓公命，不書"天"，闕文也。若曰以其錫桓而貶之，則桓之立，《春秋》固已公之矣。商臣而書楚子，商人而書齊侯，五等之爵無所可貶，孰有貶及於天王邪？

《僖公元年》："夫人氏之喪至自齊"，不言"姜"；《宣公元年》："遂以夫人婦姜至自齊"，不言"氏"。此與文公十四年叔彭生不言"仲"，定公六年仲孫忌不言"何"同，皆闕文也。聖人之經，平易正大。

邵國賢曰："'夏五'，《魯史》之闕文歟？《春秋》之闕文歟？如謂《魯史》之闕文者，筆則筆，削則削，何獨闕其所不必疑以示後世乎？闕其所不必疑以示後世推不誠伯高之心，是不誠於後世也，聖人豈爲之哉？不然，則'甲戌''己丑''叔彭生''仲孫忌'又何爲者？

87

是故'夏五',《春秋》之闕文也,非《魯史》之闕文也。"

范介儒曰:"'紀子伯''郭公''夏五'之類,傳經者之脫文耳。謂爲夫子之闕疑,吾不信已。"

夫人孫于齊

《莊公元年》:"三月,夫人孫于齊。"不解姜氏,絕之也;《二年》:"十有二月,夫人姜氏會齊侯于禚。"復稱姜氏,見魯人復以小君侍之,忘父而與讎通也。先孫後會,其間復歸於魯,而《春秋》不書,爲國諱也。此夫子削之矣!劉原父曰:"左氏曰:'夫人孫于齊,不稱姜氏,絕不爲親,禮也。'謂魯人絕文姜,不以爲親,乃中禮爾。"然則母可絕乎?宋襄之母,獲罪於君,歸其父母之國;及襄公即位,欲一見而義不可得,作《河廣》之詩以自悲;然宋亦不迎而致也,爲嘗獲罪於先君,不可以私廢命也。孔子論其詩而著之,以爲宋姬不爲不慈,襄公不爲不孝;今文姜之罪大,絕不爲親,何傷於義哉?

《詩》序《猗嗟》,刺魯莊公不能防閑其母趙氏,因之有"哀痛以思父,誠敬以事母,威刑以馭下"之說。此皆禁之於末,而不原其始者也。夫文姜之反於魯,必其桓公之喪俱至;其孫于齊,爲國論所不容而去者也。於此而逵絕之,則臣子之義伸,而異日之醜行,不登於史策矣。莊公年少,當國之臣,不能堅持大義,使之復還於魯;憑君母之尊,挾齊之強,而恣睢淫佚,遂至於不可制。《易》曰:"君子以作事謀始。"《左氏》"絕不爲親"一言,深得聖人之意;而魯人既不能行,後儒復昧其義,所謂爲人臣子而不通《春秋》之義者,遭變事而不知其權,豈不信夫!

公及齊人狩于禚

《莊公四年》："二月。夫人姜氏享齊侯于祝丘，冬公及齊人狩于禚。"夫人享齊侯，猶可書也；公與齊侯狩，不可書也。故變文而曰齊人，人之者，讎之也；杜氏以爲微者，失之矣。

整吳書君書大夫

《春秋》之於吳楚，斤斤焉不欲以其名與之也；楚之見於經也，始於莊之十年，曰"荆"而已；二十三年，於其來聘而"人"之；二十八年，復稱"荆"而不與其"人"也。僖之元年，始稱"楚人"；四年，盟于召陵，始有"大夫"；二十一年，會于盂，始書"楚子"。然使宜申來獻捷者，楚子也，而不書"君"；圍宋者子玉，救衞者子玉，戰城濮者子玉也，而不書"帥"。聖人之意，使之不得遽同於中夏也。吳之見於經也，始於成之七年，曰"吳"而已；襄之五年，會于戚，於其來聽諸侯之好而"人"之；十年、十四年，復稱"吳"，殊會而不與其"人"也；二十五年，門于巢卒，始稱"吳子"；二十九年，使札來聘，使❶有"大夫"。然滅州來、戰長岸、敗雞父、滅巢、滅徐、伐越、入郢、敗檇李、伐陳、會槖、會鄫、伐我、伐齊、救陳、戰艾陵、會橐皋，並稱吳而不與其人；會黃池，書晉侯及吳子而殊其會。終《春秋》之文，無書"帥"者，使之終不得同於中夏也。是知書君、書大夫，《春秋》之不得已也，政交於中國矣。以後世之事言之，如劉石十六國之輩略之而已；至魏、齊、周則不得不成之爲國，而列之

---

❶ "使"，當爲"始。——編者註"

於史；遼、金亦然，此夫子所以錄楚、吳也。然於備書之中而寓抑之之意，聖人之心蓋可見矣。

亡國書葬

紀已亡，而書"葬紀叔姬"，存紀也；陳已亡，而書"葬陳哀公"，存陳也。此聖人之情而見諸行事者也。

許男新臣卒

許男新臣卒，《左氏傳》曰："許穆公卒于師，葬之以侯禮也。"而經不言於師，此舊史之闕，夫子不敢增也。穀梁子不得其說，而以爲內桓師。劉原父曰：以爲去其師而歸卒於其國，鑿矣！

禘于太廟用致夫人

"禘于太廟，用致夫人。"夫人者，哀姜也。哀姜之薨，七年矣，魯人有疑焉，故不祔於姑；至是，因禘而致之，不稱姜氏，承"元年夫人姜氏薨于夷"之文也。哀姜與弒二君而猶以之配莊公，是亂於禮矣。明乎"郊社之禮，禘嘗之義，治國其如示諸掌乎"？致夫人也，躋僖公也，皆魯道之衰而夫子所以傷之者也。胡氏以夫人爲成風；成風尚存，何以言"致"？亦言之不順也。以成風稱小君，是亂嫡妾之分；雖然，猶愈於哀姜也。說在乎漢光武之黜呂后而以薄氏配高廟也。

及其大夫荀息

晉獻公之立奚齊，以王法言之，易樹子也；以臣子言之，則君父之命存焉。是故苟[1]息之忠，同於孔父仇牧。

邢人狄人伐衛

《春秋》之文，有從同者，僖公十八年，邢人、狄人伐衛；二十年，齊人、狄人盟于邢，並舉二國而狄亦稱人，臨文之不得不然也。若惟狄而已，則不稱人，"十八年，狄救齊""二十一年，狄侵衛"是也。《穀梁傳》謂狄稱人，進之也；何以不進之於救齊而進之於伐衛乎？則又爲之說曰："善累而後進之。"夫伐衛，何善之有？

昭公五年，楚子、蔡侯、陳侯、許男、頓子、沈子、徐人、越人伐吳，不稱於越而稱越人，亦同此例。

王入于王城不書

襄王之復，《左氏》書"夏四月丁巳，王入于王城"，而經不書其文，則史也。史之所無，夫子不得而益也。《路史》以爲襄王未嘗復國，而王子虎爲之居守，此鑿空之論；且惠王嘗適鄭而處于櫟矣，其出不書，其入不書，以《路史》之言例之，則是未嘗出、未嘗入也。莊王、僖王、頃王崩，皆不書，以《路史》之言例之，則是未嘗崩也。而可乎？邵氏曰："襄王之出也，嘗告難於諸侯，故仲尼據策而書之；其

---

[1] "苟"，當爲"荀"。——編者註

入也,與夫惠王之出入也,皆未嘗告於諸侯,策所不載,仲尼雖得之傳聞,安得益之?乃若敬王之立,則仲尼所見之世也。子朝奔楚,且有使以告諸侯,況天王乎?策之所具,蓋昭如也。故狄泉也書,成周也書;事莫大於天王之入,而《春秋》不書,故夫子之自言也,曰:'述而不作'。"

星孛

《春秋》書星字[1],有言其所起者,有言其所入者。文公十四年秋七月,有星孛入于北斗,不言所起,重在北斗也;昭公十七年,冬有星孛于大辰西及漢,不言及漢,重不在漢也。

子卒

叔仲、惠伯從君而死,義矣,而國史不書。夫子平日未嘗闡幽及之者,皆所謂"匹夫匹婦之諒,自經於溝瀆而莫之知"者也。

納公孫甯儀行父于陳

孔甯、儀行父從靈公宣淫於國,殺忠諫之泄冶,君弑不能死,從楚子而入陳,春秋之罪人也。故書曰:"納公孫甯、儀行父于陳。"杜預乃謂二子託楚以報君之讎。靈公成喪,賊討國復功足以補過。嗚呼!使無申叔時之言,陳爲楚縣矣!二子者,楚之臣僕矣,尚何功之有?幸而楚子復封,成公反國,二子無秋毫之力;而杜氏爲之曲說,使後

---

[1] "字",當爲"孛"。——編者註

世詐諼不忠之臣，得援以自解。嗚呼，其亦愈於已爲他人郡縣，而猶言報讎者與？

與楚子之存陳，不與楚子之納二臣也。公羊子固已言之曰："存陳，悕矣！"

三國來媵

十二公之世，魯女嫁於諸侯多矣，獨宋伯姬書三國來媵，蓋宣公元配所生。

庶出之子不書生，故子同生，特書；庶出之女不書致、不書媵，故伯姬歸於宋，特書。

衞《碩人》之詩曰："東宮之妹。"《正義》曰："東宮，太子所居也；繫太子言之，明與同母見夫人所生之貴。"是知古人嫡庶之分，不獨子也，女亦然矣。

殺或不稱大夫

凡書殺其大夫者，義繫於君而責其專殺也；盜殺鄭公子騑、公子發、公孫輒，文不可曰盜殺大夫，故不言大夫。其義不繫於君，猶之盟會之卿書名而已。胡氏以爲罪之而削其大夫，非也。

閽弑吳子，餘祭言吳子，則君可知矣。文不可曰吳閽弑其君也。穀梁子曰："不稱其君閽，不得君其君也。"非也。

邾子來會公

定公十四年，大蒐于比蒲，邾子來會公。《春秋》未有書來會公者，來會，非朝也，會于大蒐之地也。嘉事不以野成，故明年正月復來朝。

葬用柔日

《春秋》葬皆用柔日，宣公八年冬十月己丑，葬我小君敬嬴，雨不克葬，庚寅日中而克葬。定公十五年九月丁巳，葬我君定公，雨不克葬，戊午日下昃乃克葬。己丑丁巳，所卜之日也，遲而至於明日者，事之變也，非用剛日也。漢人不知此義，而長陵以丙寅，茂陵以甲申，平陵以壬申，渭陵以丙戌，義陵以壬寅，皆用剛日。

《穆天子傳》，盛姬之葬以壬戌，疑其書爲後人僞作。

諸侯在喪稱子

凡繼立之君，踰年正月，乃書卽位，然後成之爲君；未踰年，則稱子，未踰年又未葬，則稱名。先君初沒，人子之心不忍亡其父也。父前子名故稱名，《莊公三十二年》"子般卒"，《襄公三十一年》"子野卒"是也。已葬則子道畢而君道始矣，子而不名，《文公十八年》子卒，《僖公二十五年》衞子，《二十八年》陳子，《定公三年》邾子，是也。踰年則改元，國不可以曠年無君，故有不待葬而卽位，則已成之爲君。《文公元年》："春王正月公卽位。"《成公元年》："春王正月，公卽位。"《定公元年》："夏六月戊辰，公卽位。"《桓公十三年》衞侯，《宣公十一年》陳侯，《成公三年》宋公、衞侯是也。所以敬守而重社稷也。此皆周公之制，《魯史》之文，而夫子遵之者也。《公羊傳》曰："君存稱世子，君薨稱子某，既稱葬子，踐年稱公。"得之矣。

未葬而名，亦有不名者，《僖公九年》宋子，《定公四年》陳子是也，所以從同也。已葬而不名，亦有名之者，《昭公二十二年》"王子猛"是也，所以示別也。

鄭伯突出奔蔡者，已卽位之君也；鄭世子忽復歸于鄭者，已葬未踰年之子也。此臨文之不得不然，非聖人之抑忽而進突也。

里克殺其君之子奚齊者，未葬居喪之子也；里克弒其君卓者，踰年已卽位之君也。此臨文之不得不然。《穀梁傳》曰："其君之子云者，國人不子也。"非也。

未踰年書爵

卽位之禮，必以踰年之正月卽位，然後國人稱之曰君。春秋之時，有先君已葬，不待踰年而先卽位者矣。《宣公十年》："齊侯使國佐來聘。"《成公四年》："鄭伯伐許。"稱爵者從其國之告，亦以著其無父之罪。

姒氏卒

《定公十五年》"姒氏卒"。不書薨，不稱夫人，葬不稱小君。蓋《春秋》自成風以下，雖以妾母爲夫人，然必公卽位而後稱之；此姒氏之不稱者，本無其事也。後世之君，多於柩前卽位，於是大行求葬而尊其母爲皇太后；及乎所生，亦以例加之，妾貳於君，子疑於父，而先王之禮亡矣。

卿不書族

《春秋》之文，不書族者有二義。無駭卒、挾卒、柔會宋公、陳侯、蔡叔盟于折、溺會齊師伐衛，未賜氏也。"遂以夫人婦姜至自齊""歸父還自晉，至笙，遂奔齊""僑如以夫人婦姜氏至自齊""豹及諸侯之大夫盟于宋""意如至自晉""婼至自晉"，一事再見，因上文而略其辭也。

《春秋》隱、桓之時，卿大夫賜氏者尚少，故無駭卒而羽父爲之請族；如挾，如柔，如溺，皆未有氏族者也。莊、閔以下，則不得復見於經，其時無不賜氏者矣。

劉原父曰："諸侯大國三卿皆命於天子，次國三鄉二卿命於天子，小國三卿一卿命於天子；大國之卿三命，次國之卿再命，小國之卿一命。其於王朝皆士也。三命以名氏通，再命名之，一命略稱人。周衰禮廢，強弱相併，卿大夫之制，雖不能盡如古見於經者，亦皆當時之實錄也。故隱、桓之間，其去西周未久，制廢頗有存者；是以魯有無駭、柔、挾，鄭有宛、詹、秦、楚多稱人，至其晚節，無不名氏通矣。而邾、莒、滕、薛之君日已益削，轉從小國之例稱人而已。說者不知其故，因謂曹、秦以下，悉無大夫患；其時有見者，害其臆說，因復構架無端以飾其僞。彼固不知王者，諸侯之制度班爵云爾。"

或曰：翬不稱公子何與？杜氏曰：公子者，常時之寵號；翬之稱公子也，桓賜之也，其終隱之篇不稱公子者，未賜也。若專命之罪，則直書而自見矣。

齊公子商人弑其君，舍已賜氏也。衛州吁弑其君完，未賜氏也。胡氏以爲以國氏者，累及乎上；稱公子者，誅及其身。此求其說而不得，故立此論爾。

大夫稱子

周制，公、侯、伯、子、男爲五等之爵，而大夫雖貴不敢稱子；《春秋》自僖公以前，大夫並以伯、仲、叔、季爲稱。三桓之先，曰共仲，曰僖叔，曰成季。孟孫氏之稱子也，自蔑也；叔孫氏之稱子也，自豹也；季孫氏之稱子也，自行父也。晉之諸卿在文公以前，無稱子者。魏氏之稱子也，自犨也；欒氏之稱子也，自枝也；趙氏之稱子也，自衰也；中行氏之稱子也，自林父也；郤氏之稱子也，自缺也；知氏之稱子也，自首也；范氏之稱子也，自會也；韓氏之稱子也，自厥也。晉、齊、魯、衛之執政稱子，他國惟鄭間亦有之，餘則否，不敢與大國並也。魯之三家稱子，他如臧氏、子服氏、仲叔氏，皆以伯叔稱焉，不敢與三家並也。其生也，或以伯仲稱之；如趙孟、知伯死則諡之而後子之，猶國君之死而諡稱公也。於此可以見世之升降焉。讀《春秋》者，其可忽諸？

春秋時，大夫雖僭稱子，而不敢稱於其君之前；猶之諸侯僭稱公，而不敢稱於天子之前也。何以知之？以衛孔悝之鼎銘知之。曰："獻公乃命成叔纂乃祖服。"曰："乃考文叔興舊耆。"欲成叔、孔成子烝鉏也，文叔、孔文子圉也；叔而不子，是君前不敢子也，猶有先王之制存焉。至戰國，則子又不足言而封之爲君矣！

《洛誥》："子旦以多子越御事。"多子，猶《春秋傳》之言羣子也；唐孔氏以爲大夫皆稱子，非也。

《春秋》自僖、文以後，而執政之卿始稱子；其後則匹夫而爲學者所宗，亦得稱子，老子、孔子是也。又其後，則門人亦得稱子，樂正子、公都子之流是也。故《論語》之稱子者，皆弟子之於師；《孟子》之稱子者，皆師之於弟子：亦世變之所從來矣！

《論語》稱孔子爲子，蓋夫子而省其文，門人之辭也；亦有稱夫子者："夫子矢之""夫子喟然歎曰""夫子不答""夫子莞爾而笑""夫子憮然曰"。不直曰子，而加以"夫"，避不成辭也。

有諡則不稱字

《春秋傳》，凡大夫之有諡者則不書字。外大夫，若宋、若鄭、若陳、若蔡、若楚、若秦，無諡也，而後字之；內大夫，若羽父、若衆仲、若子家，無諡也，而後字之。公子亦然：楚共王之五子，其成君者皆諡，康王、靈王、平王是也；其小不成君，無諡而後字之，子干、子晳是也。他國亦然：陳之五父、鄭之子亹、子儀是也；衛州吁、齊無知，賊也，則名之。作傳者於稱名之法，可謂嚴且密矣。

人君稱大夫字

古者，人君於其國之卿大夫，皆曰伯父、叔父，曰子大夫，曰二三子；不獨諸侯然也，《曲禮》言列國之大夫入天子之國，曰某士，自稱曰陪臣某。然而天子接之，猶稱其字。宣公十六年，晉侯使士會平王室，王曰："季氏而弗聞乎？"成公三年，晉侯使鞏朔獻齊捷于周王曰："鞏伯實來！"昭公十五年，晉荀躒如周葬穆后，籍談爲介，王曰："伯氏諸侯，皆有以鎮撫王室！"又曰："叔氏而忘諸乎？"周德雖衰，辭不失舊，此其稱字，必先王之制也。周公作立政之書，若侯國之司徒、司馬、司空、亞旅並列於王官之後；蓋古之人君，恭以接下而不敢遺小國之臣，故平平左右亦是率從，而成上下之交矣。

王貳於虢

"名不正則言不順，言不順則事不成。"而左氏之記周事曰："王貳於虢""王叛王孫蘇"。以天王之尊，而曰貳曰叛，若敵者之辭，其不知《春秋》之義甚矣！

星隕如雨

"星隕如雨"，言多也。《漢書·五行志》成帝永始二年二月癸未，夜過中，星隕如雨，長一二丈，繹繹未至地滅，至雞鳴止。谷永對言《春秋》記異星隕最大，自魯莊以來至今再見，此爲得之而後代之使。或曰小星流百枚以上，四面行；或曰星流如織：如曰四方流星，大小縱橫百餘，皆其類也。不言石隕，不至地也。傳曰與雨偕也。然則無雨而隕，將不爲異乎？

秋無麥苗，不害嘉穀也。據隱公元年，傳曰："有蜚不爲災，不書。"使不害嘉穀，焉用書之於經乎？

築郿

築郿，非都也；凡邑有宗廟先君之主曰都，無曰邑。邑曰築都，曰城。《舊唐書·體儀志》太常博士顧德章議引此謂《春秋》二百四十二年，魯凡城二十四邑，惟郿一邑書築，其二十三邑曰城，豈皆有宗廟先君之主乎？又定公十五年城漆，漆是邾邑。《正義》亦知其不可通，而曲爲之說。

城小穀

城小穀，爲管仲也。據經文，小穀不繫於齊，疑左氏之誤。范甯春《穀梁傳》曰："小國魯邑。"《春秋發微》曰："曲阜西北有故小穀城。"按《史記》清[1]高帝以漢公禮葬項王穀城，當卽此地。杜氏以此小穀爲齊邑，濟北穀城縣，城中有管仲井。劉昭《郡國志注》，酈道元經注，皆同。按：《春秋》有言穀不言小者，《莊公二十三年》："公及齊侯遇于穀。"《僖公二十六年》："公以楚師伐齊，取穀。"《文公十七年》："公及齊侯盟于穀。"《成公五年》："叔孫僑如會晉荀首于穀。"四書"穀"而一書小"穀"，別於穀也。又《昭公十一年》，傳曰："齊桓公城穀而寘管仲焉，至於今賴之。"則知《春秋》四書之穀及管仲所封在濟北穀城；而此之小穀，自爲魯邑爾。況其時齊桓公始霸，管仲之功尚未見於天下，豈遽勤諸侯以城其私邑哉？

齊人殺哀姜

哀姜通慶父，弒閔公，爲國論所不容；而孫于邾，齊人取而殺之，義也。可專謂之已甚，非也。

微子啓

蔡穆侯將許僖公以見楚子于武城，許男面縛銜璧，大夫衰絰，士輿櫬。楚子問諸逢伯，對曰："昔武王克殷，微子啓如是；武王親釋

---

[1] "清"，當爲"漢"。——編者註

其縛，受其璧而祓之，焚其櫬，禮而命之，使復其所。"楚子從之。何孟春曰："按《書》殷紂無道，微子去之，在武王克殷之前，何應當日而有是事，已去之後，無復還之理；而牧野之戰，亦必不從人而伐其宗國也。"意此殆非微子事，而逢伯之言，特託之古人以規楚子乎？

徐孚遠曰："《史記》言微子持祭器造於軍門，武王乃釋微子復其位如故。"夫武王既立武庚而又復微子之位，則是微子與武庚同在故都也；厥後武庚之叛，微子何以初無異同之迹？然則武王克商，微子未嘗來歸也。

襄仲如齊納幣

經書僖公之薨，以十二月，而公子遂如齊納幣，則但書冬；卽如杜氏之解，移公薨於十一月，而猶在二十五月之內，惡得謂之禮乎？

子叔姬卒

據《傳》，杞桓公在位七十年，其二十二年，魯文公之十二年，出一叔姬；其五十年，魯成公之四年，又出一叔姬。再娶於魯而再出之，必無此理，殆一事而左氏誤重書之爾。且文公十二年，經書曰二月庚子，子叔姬卒，何以知其為杞婦乎？趙子曰："書卒，義與僖公九年伯姬同，以其為時君之女，故曰'子'，以別其非先君之女也。"

齊昭公

《文公十四年》："齊侯潘卒。"傳以為昭公。按：僖公二十七年，經書"齊侯昭卒";今此昭公,卽孝公之弟,不可以先君之名爲諡,疑《左氏》之誤。然僖公十七年,傳曰:"葛嬴生昭公。"前後文同先儒,無致疑者。

趙盾弒其君

太史書曰:"趙盾弒其君。"此董孤❶之直筆也。"子爲正卿,亡不越境,反不討賊。"此董孤之異辭也。傳者不察其指,而妄述孔子之言,以爲越境乃免,謬矣!穿之弒盾,主之也,討穿猶不得免也;君臣之義,無逃於天地之間,而可逃之境外乎?

臨于周廟

襄公十二年,吳子壽夢卒臨于周廟,杜氏以爲文王廟也。昭公十八年,鄭子產使祝史徙主祐于周廟,杜氏以爲厲王廟也。傳曰鄭祖厲王,而哀公二年,蒯瞶之禱,亦云敢昭告於皇祖文王。夫諸侯不得祖,天子而有廟焉何?曰此廟也,非祖也。始封之君謂之祖,雖然,伯禽爲文王之孫,鄭桓爲厲王之子,其就封而之國也,將何祭哉?天下有無祖考之人乎?而況於有土者乎?意者,特立一廟以祀文王、厲王而謂之周廟歟?漢時有郡國廟,其亦倣古而爲之歟?

《竹書紀年》,成公十三年夏六月,魯大禘於周公廟。按二十一年,周文公薨于豐,周公未廟,何以有廟?蓋周廟也。是則始封之君有廟,亦可因此而知禘之說。

---

❶ "孤",當爲"狐"。董狐是春秋時期晉國的史官。——編者註

欒懷子

晉人殺欒盈，安得有謚？傳言懷子好施，士多歸之，豈其家臣爲之謚，而遂傳於史策邪？

子太叔之廟

《昭公十二年》："鄭簡公卒，將爲葬除，及游氏之廟，將毀焉。子太叔使其除徒執用以立，而無庸毀。曰：'子產過女，而問何故不毀，乃曰：不忍廟也。諾，將毀矣。'既如是，子產乃使辟之。"《十八年》："簡兵大蒐，將爲蒐除。子太叔之廟在道南，其寢在道北，其庭小，過期三日，使除徒陳於道南廟北。曰：'子產過女而命速除，乃毀於南[1]鄉。'子產朝，過而怒之，除者南毀。子產及衝使從者止之，曰：'毀於北方。'"此是一事，而記者或以爲葬，或以爲蒐，傳兩存之而失刪其一耳。

城成周

《昭公二十二年》傳："冬十一月，晉魏舒、韓不信如京師，合諸侯之大夫于狄泉尋盟，且令城成周。魏子南面衛彪傒曰：'魏子必有大咎于位，以令大事，非其任也。《詩》曰敬天之怒，不敢戲豫；敬天之渝，不敢馳驅。況敢干位以作大事乎？'"《定公元年》傳："春王正月辛巳，晉魏舒合諸侯之大夫于狄泉，將以城成周。魏子涖政，衛

---

[1] "南"，當爲"而"。——編者註

彪溪曰：'將建天子而易位以令，非義也。大事干義，必有大咎。晉不失諸侯，魏子其不免乎！"此亦一事，左氏兩收而失刪其一。周之正月，晉之十一月也。其下文曰："己丑士彌牟營成，周計丈數，揣高卑，度厚薄，仞溝洫，物土方，議遠邇，量事期，計徒庸，慮財用，書餱糧，以令役於諸侯。"又曰："庚寅，栽宋仲幾不受功。"庚寅卽己丑之明日，而傳分爲兩年，豈有遲之兩月而始栽宋仲幾乃不受功者乎？且此役不過三旬而畢矣。

五伯

五伯之稱有二：有三代之五伯，亦有春秋之五伯。《左傳·成公二年》，齊國佐曰："五伯之霸也，勤而撫之，以役王命。"杜元凱云："夏伯昆吾，商伯大彭、豕韋，周伯齊桓、晉文。"孟子有云："五霸者，三王之罪人也。"趙臺卿注云："齊桓、晉文、秦穆、宋襄、楚莊。"二說俱不同。據國佐對晉人言，其時楚莊之卒甫二年，不當遂列爲五，亦不當繼此無伯而定於五也。其通指三代無疑。《國語》："祝融能昭顯天地之光明，其後八姓昆吾爲夏伯，大彭、豕韋爲商伯；莊子、彭祖得之，上及有虞，下及五伯。"李軌注：彭祖，名鏗，堯臣，封於彭城；歷虞、夏至商，年七百歲。是所謂五伯者，亦商時也。是知國佐以前，其有五伯之名也久矣。若孟子所稱五伯，而以桓公爲盛，則止就東周以後言之。如嚴安所謂"周之衰，三百餘歲，而五霸更起"者也。然趙氏以宋襄並列，亦未爲允。宋襄求霸不成，傷於泓以卒，未嘗霸也。《史記》言越王句踐，遂報彊吳，觀兵中國：稱號五伯。子長在臺卿之前，所聞異辭。然則言三代之五伯，當如杜氏之說；言春秋之五伯，當列句踐而去宋襄。荀子以桓文及楚莊、闔閭、句踐爲五伯，斯得之矣。

占法之多

以日占事者，《史記·天官書》甲乙四海之外，日月不占，丙丁江淮海岱，戊己中州河濟，庚辛華山以西，壬癸恆山以北，是也。以時占事者，《越絕書》公孫聖今日壬午時加南方。《史記·賈誼傳》，庚子日斜服集予舍，是也。又有以月行所在爲占，《史記·龜策傳》，今昔壬子宿在牽牛。《漢書》翼奉言白鶴館以月宿亢災；《後漢書》蘇竟言白虹見時，月入于畢，是也。《周禮》占夢，掌其歲時。觀天地之會，辨陰陽之氣；以日月星辰占六夢之吉凶，則古人之法可知矣。漢以下，則其說愈多，其占愈鑿；加以日時、風角、雲氣運疾變動，不一其物，故有一事而合於此者，或迕於彼，豈非所謂"大道以多歧亡羊"者邪？故士文伯對晉侯以六物不同，民心不壹；而太史公亦謂皋唐甘石書傳凌雜米鹽，在人自得之於象占之外耳。

干寶解《易》六爻相雜，唯其時物也。曰一卦六爻，則皆雜有八卦之氣；若初九爲震爻，九二爲坎爻也。或若見辰戌言艮，己亥言兌也；或以甲壬名乾，乙癸名坤也。或若以午位名離，以子位名坎，或若得來爲惡物，王相爲興休，廢爲衰。解爻有等，故曰物，曰爻中之義，羣物交集，五星四氣，六親九族，福德刑殺，衆形萬類，皆來發於爻，故總謂之物也。說《易》如此，小數詳而大道隱矣！以此十筮，亦必不驗，天文亦然。褚先生補《史記·日者列傳》：孝武帝時聚會占家問之，某日可取婦乎？五行家曰可，堪輿家曰不可，建除家曰不吉，叢辰家曰大凶，曆家曰小凶，天人家曰小吉，太乙家曰大吉：辯訟不決，以狀聞。制曰：避諸死忘，以五行爲主。

以日同爲占

裨竈以逢公卒於戊子日，而謂今七月戊子，晉君將死；萇宏以昆吾乙卯日亡，而謂毛得殺毛伯而代之，是乙卯日以卜其亡。此以日之同於古人者爲占，又是一法。

天道遠

春秋時，鄭裨竈、魯梓愼最明於天文。《昭公十八年》：夏五月，宋、衞、陳、鄭災，裨竈曰：“不用吾言，鄭又將火。”子產不從，亦不復火。《二十四年》：夏五月乙未朔，日食，梓愼曰：“將水。”叔孫昭子曰：“旱也。”秋八月大雩。是雖二子之精，亦有時而失之也。故張衡《思元賦》曰：“愼、竈顯以言天兮，占水火而妄訊！”

一事兩占

《襄公二十八年》：春，無冰。梓愼曰：“宋、鄭其饑乎！歲在星紀而淫於玄枵，以有時災，陰不堪陽，蛇乘龍；龍，宋、鄭之星也，宋、鄭必饑。玄枵，虛中也；枵，耗名也。土虛而民耗，不饑何爲？”裨竈曰：“今茲周王及楚子皆將死歲。”棄其次而旅於明年之次，以害鳥崩，周、楚惡之。十一月癸巳，天王崩，十二月楚康王卒，宋、鄭皆饑，一事兩占皆驗。

春秋言天之學

天文五行之學，愈疏則多中，愈密則愈多不中；春秋時言天者，不過本之分星，合之五行，驗之日食、星孛之類而已。五緯之中，但言歲星；而餘四星占不之及。何其簡也？而其所詳者，往往在於君卿大夫言語、動作、威儀之間，及人事之治亂敬怠；故其說也易知，而其驗也不爽。《揚子法言》曰："史以天占人，聖人以人占天。"

左氏不必盡信

昔人所言興亡禍福之故，不必盡驗。《左氏》但記其信而有徵者爾，而亦不盡信也。三良殉死，君子是以知秦之不復東征。至於孝公，而天子致伯，諸侯畢賀，其後始皇遂併天下。季札聞齊風，以爲國未可量，乃不久而篡於陳氏；聞鄭風以爲其先亡乎，而鄭至三家分晉之後始滅於韓；渾罕言姬在列者蔡及曹、滕其先亡乎，而滕滅於宋王偃在諸姬爲最後。僖三十一年，狄圍衛，衛遷於帝丘卜曰：三百年而衛，至秦二世元年始廢，歷四百二十一年。是《左氏》所記之言，亦不足信也。

列國官名

春秋時，列國官名：若晉之中行，宋之門尹，鄭之馬師，秦之不更庶長，皆他國所無；而楚尤多，有莫敖、令尹、司馬、太宰、少宰、御士、左史、右領、左尹、右尹、連尹、箴尹、寢尹、工尹、小尹、芊尹、藍尹、沈尹、清尹、莠尹、囂尹、陵尹、郊尹、業尹、宮廐尹、監馬尹、楊豚尹、武城尹：其官名大抵異於他國。

地名

《左傳·成公元年》："戰于鞌，入自三❶輿。"注云：齊邑。三年，鄭師禦晉敗諸丘輿，注云：鄭地。《哀公十四年》："阮氏葬諸丘輿。"注云：阮氏，魯人也。泰山南城縣西化有輿城，又是魯地。是三丘輿爲三國地也。《文公七年》："穆伯如莒，涖盟，及鄢陵。"注云："莒邑。"《成公十六年》："戰于鄢陵。"注云："鄭地，今屬穎川郡。"是二鄢陵，爲二國地也。《襄公十四年》："伐秦，至于棫林。"注云："秦地。"《十六年》："次于棫林。"注云："許地。"是二棫林爲二國地也。《襄公十七年》："衛孫蒯田于曹隧，飲馬于重丘。"注云："曹邑"。《二十五年》："同盟于重丘。"注云："齊地。"是二重丘，爲二國地也。《定公十二年》："費人北，國人迫之，敗諸姑蔑。"無注，當是魯地。《哀公十三年》："彌庸見姑篾之旗。"注云："越地，今東陽大末縣。"是二姑蔑，爲二國地也。

地名盂者有五。《僖公二十一年》："宋公、楚子、陳侯、蔡侯、鄭伯、許男、曹伯會于盂。"宋之盂也。《定公八年》："單子伐簡城，劉子伐盂，以定王室。"周之盂也。《十四年》："蒯太子衛瞶，獻盂于齊。"衛之盂也。而晉則有二盂。《昭公二十八年》："孟丙爲盂大夫。"今太原盂縣。《哀公四年》："齊國夏伐晉，取邢、任、欒、鄗、逆時、陰人、盂、壺口。"此盂當在邢洺之間。

州國有二。《桓公五年》："州公如曹。"注："州國在城陽淳于縣。"《十一年》："鄖人將與隨、絞、州、蓼伐楚師，注："州國在南郡華容縣東南。"

---

❶ "三"，當爲"丘"。——編者註

昌歜

《僖公三十年》："王使周公閱來聘，饗有昌歜、白黑、形鹽。"注曰："昌歜，昌蒲葅。"而《釋文》歜音在感反。《正義》曰：齊有邴歜，魯有公父歜，其音爲觸。《說》文：歜，盛氣怒也，從欠，蜀聲；此昌歜之音。相傳爲在感反，不知與彼爲同爲異？今攷顧氏《玉篇》有歜字，徂敢切，昌蒲俎也。然則傳之昌歜，正合此字，而唐人已誤作歜。是知南北之學，陸孔諸儒猶有不能徧通。哀公二十五年，"若見之君將殼之"，今本作"穀"；《廣韻》注曰：說文從口。蓋經典之誤文，不自天寶、開成始矣。

《襄公二十四年》："日有食之。"《正義》曰："此與二十一年頻月日食，理必不然。"但其字則變古爲篆，改篆爲隸書，則縑以代簡，紙以代縑，多歷世代轉寫謬誤，失其本眞；後儒因循莫敢改易，此通人之至論。攷《魏書》江式言：魯共王壞孔子宅，得《尚書》《春秋》《論語》《孝經》；又北平侯張倉獻《春秋》《左氏傳》，書體與孔氏相類，世謂之古文。自古文以至於今，其傳寫不知幾千百矣，安得無誤？後之學者，於其所不能通，必穿鑿而曲爲之說，其爲經典之害也甚矣！

古之教人，必先小學；小學之書，聲音文字是也。《顏氏家訓》曰："夫文字者，墳籍根本。世之學徒，多不曉字；讀五經者，是徐邈而非許慎；習賦頌者，信褚詮而忽呂忱；明《史記》者，專皮鄒而廢籀篆；學《漢書》者，悅應蘇而略《蒼》《雅》。不知書音是其枝葉，小學乃其宗系。"吾有取乎其言。

文字不同

五經中文字不同多矣，有一經之中而自不同者：如桑葚見於衞詩，而魯則爲黮；彤弓著於鄭風，而秦則爲韔。《左氏》一書，其錄是也；蒍氏或爲蔿氏、鍼尹成爲箴尹，况於鐘鼎之文乎？記曰："書同文"，亦言其大略耳。

所見異辭

孔子生於昭、定、哀之世，文、宣、成、襄，則所聞也；隱、桓、莊、閔、僖，則所傳聞也。國史所載策書之文，或有不備，孔子得據其所見以補之，至所於聞則遠矣，所傳聞則又遠矣。雖得之於聞，必將參互以傳其信；信則書之，疑則改之，此其所以爲異辭也。公子益師之卒，《魯史》不書其日，遠而無所改矣。以此釋經，豈不甚易而實是乎？何休見桓公二年會稷之傳，以恩之淺深有諱，與目言之異，而以書日不書日、略詳之分爲同；此例則甚難而實非矣。竊疑所見異辭、所聞異辭、所傳聞異辭，此三語，必有所本，而齊魯諸儒述之。然其義有三：闕文，一也；諱惡，二也；言孫，三也。從前之一說，則略於遠而詳於近；從後之二說，則晦於近而章於遠。讀《春秋》者，可以得之矣！《漢書》言：孔子作《春秋》，有所襃諱貶損，不可書見，口授弟子，弟子退而異言，及口說流言，故有公羊、穀梁、鄒夾之學。夫喪欲速貧，死欲速朽，曾子且聞而未達，非子游舉其事實之，亦烏得而明哉？故曰："《春秋》之失亂。"

紀履緰來逆女

何以不稱，使昏禮不稱主人。宋公使公孫壽來納幣，則其稱主人何辭窮也？辭窮者何？無母也。然則紀有母乎？曰有。有則何以不稱母？母不通也。富平李因篤曰："此言經所以不書紀侯者，以見母雖不通，而紀侯有母，則不得自稱主人以別於宋公之無母也。"

母弟稱弟

齊侯使其弟年來聘，《公羊傳》："其稱弟何？母弟稱弟，母兄稱兄。"何休以爲《春秋》變周之文，從殷之質，質家親親，明當親厚，異於華公子也。夫一父之子而以同母不同母爲親疏，此時人至陋之見。春秋以下，骨肉衰薄，禍亂萌生，鮮不由此。詩人愛鳲鳩，均愛七子；豈有於父母則望之以均平，於兄弟則教之以疏外？以此爲質，是所謂直情而徑行，戎狄之道也！郭氏曰："若如公羊之說，則異母兄弟不謂之兄弟乎？"程子曰："禮文有立嫡子同母弟之說。"其曰同母弟，蓋謂嫡耳，非以同母弟爲加親也；若以同母弟爲加親，則知有母不知有父，是禽獸也。

子沈子

《隱公十一年·公羊傳》"子沈子曰"注云："子沈子，後師，明說此意者；沈子稱'子'冠氏上者，著其爲師也。不但言'子曰'者，辟孔子也，其不冠'子'者，他師也。"按傳中有"子公羊子曰"，而又有"子沈子曰""子司馬子曰""子女子曰""子北宮子曰",何後師之多歟？然則此傳不盡出於公羊子也明矣。

穀伯鄧侯書名

穀伯綏來朝，鄧侯吾離來朝，傳曰皆何以名？失地之君也。其稱侯朝何？貴者無後，待之以初也。其義甚明，而何氏乃有去二時者，桓公以火攻人君之說；又有不月者失地，君朝惡人之說。胡氏因之，遂以朝桓之貶，歸之於天道矣。

鄭忽書名

鄭忽出奔，傳曰：忽何以名？《春秋》伯、子、男一也，辭無所貶，傳文簡而難曉。李因篇曰："《春秋》之法，天子三公稱公，王者之後稱公，其餘大國稱侯，小國稱伯、子、男。"是則公、侯爲一等，伯、子、男爲一等也。故子產曰："鄭伯，男也，遭喪未踰年之君，公侯皆稱子；如宋子、衛子、陳子之類。"是以其等本貴於伯、子、男，故降而稱子。今鄭伯，爵也，伯與子、男爲一等，不此更無所降，不得不降而書名矣。名非貶，忽之辭，故曰辭無所貶。

祭公來遂逆王后于紀

《桓公八年》："祭公來，遂逆王后于紀。"《九年》："春，紀季姜歸于京師。"從逆者而言，謂之王后；從歸者而言，謂之季姜，此自然之文也。猶《詩》之言爲韓姞相攸也，猶左氏之言息媯將歸過蔡也，皆未嫁而冠以夫國之號，此臨文之不得不然也。而《公羊》以爲王者無外其辭成矣，又以爲父母之於子，雖爲天王后猶曰吾季姜；是其說經雖巧，而非聖人之意矣。今將曰逆季姜于紀，則初學之士亦知其不通；又將曰王后歸于京師，則王后者誰之女？辭窮矣！公羊子蓋拘於在國稱女之例，而不知文固有倒之而順者也。

傳文則有不同者，《左氏‧莊公十八年》："陳媯歸于京師。"實惠后。

争門

《公羊‧閔公二年傳》："桓公使高子將南陽之甲，立僖公而成魯。或曰，自鹿門至於争門者，是也；或曰，自争門至於吏門者，是也。"注："鹿門，魯南城東門也。"據《左傳》"臧紇斬鹿門之關出奔邾"，是也。争門、吏門並闕，按《說文》：淨，魯北城門池也，從水，争聲，士耕切；是争門卽以此水名，省文作争爾。後人以瀞字省作淨音，才性切，而梵書用之；自《南北史》以下，俱爲才性之淨，而魯之争門不復知矣。

仲嬰齊卒

魯有二嬰齊，皆公孫也。《成公十五年》："三月乙巳，仲嬰齊卒。"其爲仲遂卒者也。《成公十七年》："十一月壬申，公孫嬰齊卒于貍脤。"則子叔聲伯也。季友、仲遂皆生而賜氏，故其子卽以父字爲氏；生而賜氏，非禮也，以父字爲氏，亦非禮也。《春秋》從其本稱而不沒其變氏，其生也，書"公子遂"；其生也，書"仲遂卒于垂"。於其子也，其生也，書"公孫歸父"；其死也，書"仲嬰齊卒"。

《公羊傳》："仲嬰齊者何？公孫嬰齊也。"此言仲嬰齊亦是公孫嬰齊，非謂子叔聲伯，故注云："未見於經，爲公孫嬰齊。今爲大夫死，見經爲仲嬰齊。"此漢人解經之善；若子叔聲伯，則戰鞌、如晉、如莒，已屢見於經矣。爲人後者爲之子，此語必有所受。然嬰齊之爲後，後仲遂非後歸父也；以爲爲兄後，則非也。傳拘於孫以王父字爲氏之說，而以嬰齊爲後歸父，則以弟後兄，亂昭穆之倫矣，非也。且三桓亦何愛於歸父而爲之立後哉？

隱十年無正

隱十年無正者，以無其月之事而不書，非有意削之也。《梁穀》以爲隱不自正者，鑿矣。趙氏曰："宣、成以前，人名及甲子，多不具，舊史闕也。"得之矣。

戎菽

《莊公三十一年》："齊侯來獻公戎。"《傳》曰："戎，菽也。"似據《管子》："桓公北伐山戎，得冬葱及戎菽，布之天下"而爲之說。桓公以戎捷夸示諸侯，豈徒一戎菽哉？且《生民》之詩曰："藝之荏菽，荏菽旆旆。"《傳》曰："荏菽，戎菽也。"《爾雅》，戎菽謂之荏菽。則自后稷之生，而已藝之，不待桓公而始布矣。

隕石于宋五

　　《公》《穀》二傳相傳受之子夏，其宏綱大旨，得聖人之深意者，凡數十條；然而齊、魯之間，人自爲師，窮鄉多異，曲學多辯，其穿鑿以誤後人者，亦不少矣。且如隕石于宋五，六鷁退飛過宋都，此臨文之不得不然，非史云"五石"，而夫子改之"石五"，史云"鷁六"而夫子改之"六鷁"也。穀梁子曰："隕石于宋五，後數散辭也。""六鷁退飛過宋都，先數，聚辭也。""天下之達道五，所以行之者三"，其散辭乎？凡爲天下國家有九經，其聚辭乎？初九潛龍，後九也；九二見龍，先九也；世未有爲之說者也。

　　石無知，故日之；然則梁山崩，不日何也？鷁微有知之物，故月之；然則有鸜鵒來巢，不月何也？夫月日之有無，其文則史也。故劉敞謂言是月者，宋不告日，嫌與聞石同日，書是月以別之也。

王子虎卒

　　《文公四年》："夏五月，王子虎卒。"左氏以爲王叔文公者是也。而《穀梁》以爲叔服。按：此後文公十四年，有星孛入于兆斗，周內史叔服曰："不出七年，宋、齊、晉之君，皆將死亂。"成公元年，劉康公伐戎，叔服曰："背盟而欺大國，此必敗。"明叔服別是一人，非王子虎。

穀梁日誤作曰

　　《穀梁傳·宣公十五年》："中國謹日卑國月，夷狄不日。其曰：潞子嬰兒賢也。"疏解甚迂；按傳文"曰"字誤，當作其日，潞子兒賢也。

閽人寺人

　　閽人、寺人，屬於冢宰，則內延無亂政之人；九嬪、世婦，屬於冢宰，則後宮無盛色之事。太宰之於王，不惟佐之治國，而亦誨之齊家者也。自漢以來，惟諸葛孔明爲知此義，故其上表後主，謂"宮中府中，俱爲一體"；而"宮中之事，事無大小，悉以咨攸之、禕、允三人"。於是後主欲采擇以充後宮而終執不聽，宦人黃皓終允之。世位不過黃門丞，可以爲行周禮之效矣。後之人君以爲此吾家事，而爲之大臣者，亦以爲天子之家事，人臣不敢執而問也。其家之不正，而何國之能理乎？魏楊阜爲少府，上疏欲省宮人，乃召御府吏問後宮人數。吏曰："禁密不得宣露。"阜怒，杖吏一百。數之曰："國家不與九卿爲密，反與小吏爲密乎？"然後知閽寺、嬪御之繫於天官，周公所以爲後世慮至深遠也。

　　漢承秦制，有少府之官，中書謁者、黃門、鉤盾、尚方、御府、丞❶巷、內者、宦者八官，令、丞、諸僕射、署長、中黃門皆屬焉。然明奄寺之官，猶隸於外廷也。

正月之吉

　　《大司徒》："正月之吉，始和，布教于邦國、都鄙。"注云："周正月正日❷。""正歲，令于教官。"注云："夏正月朔日。"卽此是古人三正並用之驗。《逸周書・周月解》曰："亦越我周，改正以垂三統。至

---

❶ "丞"，當爲"永"。——編者註
❷ "正日"，當爲"朔日"。——編者註

於敬授民時，巡狩烝享，猶自夏焉。"正謂此也。《豳詩·七月》一篇之中，凡言月者皆夏正，凡言日者皆周正。"一一之日觱發，二之日栗烈，三之日于耜"，傳曰："一之日，周正月；二之日，殷正月；三之日，夏正月。"

《北史·李業興傳》："天平四年，使梁。梁武帝問：'《尚書》正月上日受終，文祖此時何正？'業興對曰：'此夏正月。'梁武帝問：'何以得知？'業興曰：'案《尚書》中《侯運衡》篇云日月營始，故知夏正。'又問：'堯時以前何月爲正？'業興對曰：'自堯以上，書典不載，實所不知。'梁武帝又云：'寅賓出日，卽是正月；日中星鳥，以殷仲春，卽是二月。此出《堯典》，何得云堯時不知用何正？'業興對曰：'雖三正不同，言時節者，皆據夏時正月。《周禮》"仲春二月，會男女之無夫家"者，雖自《周書》，月亦夏時。堯之日月，亦當如此。'"

木鐸

金鐸所以令軍中，木鐸所以令國中，此先王仁義之用也。一器之微，而剛柔別焉，其可以識治民之道也歟！

鼓吹，軍中之業也，非統軍之官不用；今則文官用之，士庶人用之，僧道用之。金革之器，徧於國中，而兵由此越矣。

後魏孝武永熙中，諸州鎮各給鼓吹；尋而高歡舉兵，魏分爲二。唐自安史之亂，邊戍皆得用之。故杜甫詩云："萬方聲一概，吾道竟何之！"粗厲之音，形爲亂象；先王之制，所以軍容不入國也。

《詩》有箋云：簫，編小竹管，如今賣餳者所吹也。漢時賣餳，止是吹竹，今則是金。

其功緒

已成者謂之功，未竟者謂之緒。《說文》，緒，絲端也。《記》曰：武王纘太王、王季、文王之緒。

六牲

古之爲禮，以祭祀燕享，故六牲之掌特重；"執豕于牢"，稱公劉也，"爾牲則具"，美宣王也。至於鄰國相通，則葛伯不祀，湯使遺之牛羊；而衛戴公之廬于曹，齊桓歸之牛羊豕雞狗，皆三百。其平日，國君無故不殺牛，大夫無故不殺羊，士無故不殺犬豕；而用大牲則卜之於神以求其吉。故左氏載齊國之制，公膳止於雙雞；而時人言賓客之設，不過兔首、炰鱉之類。古人之重六牲也如此。自齊靈公伐萊，萊人使正輿子賂之索馬牛皆百匹，而吳人徵魯百牢，始於貪求，終於暴殄。於是范蠡用其霸越之餘謀，以畜五牸；而澤中千足彘得比封君，孳畜之權，不在國而在民矣。

《易》曰："東鄰殺牛，不如西鄰之禴祭。"秦穆公用三百牢於鄜，時而王莽末年，自天地六宗以下，至諸小鬼神，凡千七百；所用三牲鳥獸三千餘種，後不能備，乃以雞當鶩、雁犬當麋鹿。

邦饗耆老孤子

春饗孤子，以象物之方生；秋饗耆老，以象物之既成。然而國中之老者孤者多矣，不可以徧饗也；故國老庶老則饗之，而其他則養於國、養於鄉而已。死事之孤則饗之，而其他則養幼少、存諸孤而已。一以教孝，一以勸忠；先王一舉事而天道人倫備焉，此禮之所以爲大也與！

醫師

古之時，庸醫殺人；今之時，庸醫不殺人，亦不活人，使其人在不死不活之間，其病日深而卒至於死。夫藥有君臣，人有強弱；有君臣則用有多少，有強弱則劑有半倍。多則專，專則效速；倍則厚，厚則其力深。今之用藥者，大抵雜泛而均停；既見之不明，而又治之不勇，病所以不能愈也。而世但以不殺人爲賢，豈知古之上醫，不能無失。《周禮·醫師》："歲終稽其醫事，以制其食。十全爲上，十失一次之，十失二次之，十失三次之，十失四爲下。"是十失三四，古人猶用之。而淳于意之對孝文，尚謂"時時失之，臣意不能全也"。《易》曰："裕父之蠱，往見吝奈何！"獨取夫裕蠱者，以爲其人雖死而不出於我之爲。嗚呼，此張禹之所以亡漢、李林甫之所以亡唐也！

《唐書》許允宗言："古之上醫，惟是別脈；脈既精別，然後識病。夫病之與藥，有正相當者，惟須單用一味，直攻彼病；藥力既純，病卽立愈。今人不能別脈，莫識病源，以情臆度，多安藥味。譬之於獵，未知兔所，多發人馬；空地遮圍，冀有一人獲之，術亦疏矣。假令一藥偶然當病，他味相制，氣勢不行，所以難差，諒由於此。"《後漢書》："華佗精於方藥，處齊不過數種。"夫師之六五，任九二則吉，參以三四則凶。是故官多則亂，將多則敗；天下之事，亦猶此矣。

造言之刑

舜之命龍也，曰："朕堲讒說殄行，震驚朕師。"故大司徒以鄉八刑糾萬民造言之刑，次於不孝不弟。而禁暴氏掌誅庶民之"作言語而不信者"。至於訛言莫懲，而宗周滅矣！

國子

世子齒於學，自后夔之胄子而已然矣。師氏以三德教國子，保氏掌養國子以道而教之六藝；而王世子不別置官，是世子之與國子齒也。是故諸子掌國子之倅，"國有大事，則帥國子而致於太子，惟所用之"。非平日相習之深，烏能得其用乎？後世乃設東宮之官，而分其職秩；於是有內外宮朝之隔，而先王之意失矣！

死政之老

死國事者之父，如《史記‧平原君傳》，李同戰死，封其父爲李侯；《後漢書‧獨行傳》，小吏所輔扞賊代縣令死，除父奉爲郎中；《蜀志‧龐統傳》，統爲流矢所中卒，拜其父議郎，遷諫議大夫，是也。若父子並爲王臣，而特加恩遇，如光武之於伏隆，先朝之於張五典，又不可以常格論矣。

凶禮

《大宗伯》以凶禮哀邦國之憂，其別有五：曰死亡、凶札、禍裁、圍敗、寇亂。是古之所謂凶禮者，不但於死亡；而五服之外，有非喪之喪者，緣是而起也。《記》曰："年不順成，天子素服，乘素車，食無樂。"又曰："年不順成，君衣布搢本。"《周書》曰："大荒，王麻衣以朝，朝中無采衣。"此凶札之服也。《司服》："大札，大荒大裁素服。"注曰："大裁，大水爲害；君臣素服縞冠，若晉伯宗哭梁山之崩。"《春秋》："新宮裁三日哭。"此禍裁之服也。《記》曰："國亡，大縣邑公卿大夫士，厭冠哭于太廟。"又曰："軍有憂，則素服哭于庫門之外；"《大司馬》："若師不功，則厭而奉主車。"《春秋傳》："秦穆公敗于殽，素服郊次，鄉師而哭。"此圍敗之服也。若夫《曲禮》言：大夫士去國，"素衣，素裳，素冠，徹緣，鞮屨，素簚，乘髦馬。"孟子言：三月無君則弔。而季孫之會荀鑠，練冠麻衣，此君臣之不幸而哀之者矣。秦穆姬之逆晉侯，免服衰絰；衛侯之念子鮮，稅服終身。此兄弟之不幸而哀之者矣。楚滅江，而秦伯降服出次；越圍吳，而趙孟降於喪食。此與國之不幸而哀之者矣。先王制服之方，固非一端而已。《記》有之曰："無服之喪，以蓄萬邦。"

不入兆域

《冢人》："凡死於兵者，不入兆域。注：戰敗無勇，投諸塋外以罰之"。《左氏》趙簡子所謂："桐棺三寸，不設屬辟；素車樸馬，無入於兆。"而《檀弓》死而不弔者三：其一曰畏，亦此類也。若敝無存死，而齊侯三襚之，與之犀軒與直蓋，而親推之三。童汪錡死，而仲尼曰："能執干戈以衛社稷，可無殤也。"豈得以此一概。隋文帝仁壽元年，詔曰："投生殉節，自古稱難；隕身王事，禮加二等。而世俗之徒，不達大義，致命戎旅，不入兆域；虧孝子之意，傷人臣之心，興言念此，每深愍歎！且入廟祭祀，並不廢闕，何至墳塋獨在其外？自今以後，戰亡之徒，宜入墓域。"可謂達古人之意。又攷晉趙文子與叔譽觀乎九原，而有陽處父子葬；則得罪而見殺者，亦未嘗不入兆域也。

樂章

《詩》三百篇，皆可以被之音而爲樂；自漢以下，乃以其所賦五言之屬爲徒詩，而其協於音者則謂之樂府。宋以下，則其所謂樂府者，亦但擬其辭，而與徒詩無別。於是乎《樂》之與樂，判然爲二；不特《樂》亡，而《詩》亦亡。

古人以《樂》從詩，今人以《詩》從樂；古人必先有詩，而後以樂相之。舜命夔教胄子詩言志、歌永言、聲依永、律和聲，是以登歌在上，而堂上堂下之器應之，是之謂以樂從詩。古之詩，大抵出於中原諸國，其人有先王之風、諷誦之教，其心和，其辭不侈；而音節之間，往往合於自然之律。《楚辭》以下，即已不必盡諧。降及魏晉，羌戎雜擾，方音遞變，南化各殊；故文人之作，多不可以協之音，而名爲樂府，無以異於徒詩者矣。人有不純而五音十二律之傳於古者，至今不變，於是不得不以五音正人聲而謂之以詩從樂。以詩從樂，非古也；後世之失，不得已而爲之也。

《漢書》："武帝舉司馬相如等數十人，造爲詩賦，略論律呂，以合八音之調，作十九章之歌。"夫曰"略論律呂以合八音之調"，是以詩從樂也，後代樂章皆然。

安世《房中歌》十七章，《郊祀歌》十九章，皆郊廟之正章，如三百篇之頌；其他諸詩，所謂趙代秦楚之謳，如列國之風。

十九章司馬相如等所作，略論律呂，以合八音者也；前代秦楚之謳，則有協有否？以李延年爲協律，都尉采其可挾者以被之音也。

樂府中如清商、清角之類，以聲名其詩也，如《小垂手》《大垂手》之類，以舞名其詩也。以聲名者必合於聲，以舞名者必合於舞；至唐而舞亡矣，至宋而聲亡矣。於是乎文章之傳盛而聲音之用微，然後徒詩興而樂廢矣！歌者爲詩，擊者、拊者、吹者爲器；合而言之謂之樂，對詩而言，則所謂樂者，八音興於詩、立於禮、成於樂是也，分時與樂言之也。專舉樂則時在其中，"吾自衛反魯，然後樂正雅頌，各得其所"是也。合詩與樂言之也。

《鄉飲酒》："禮，工四人，二瑟。"注："二瑟，二人鼓瑟，則二人歌也。"古人琴瑟之用，皆與歌並奏；故有一人歌，一人鼓瑟者，漢文帝使愼夫人鼓瑟，上自倚瑟而歌，是也；亦有自鼓而自歌，孔子之取瑟而歌，是也。若乃衛靈公聽新聲於漢濮之上，而使師延寫之；則但有曲而無歌，此後世徒琴之所由興也。

言詩者大率以聲音爲末藝，不知古人入學，自六藝始；孔子以游藝爲學之成，後人之學好高，以此爲瞽師、樂工之事，遂使三代之音不存於兩京，兩京之音不存於六代，而聲音之學遂爲當令之絕藝！

"七月流火"，天文也；"相其陰陽"，地理也；"四矢反兮"，射也；"兩驂如舞"，御也；"止戈爲武""皿蟲爲蠱"，書也；"千乘三去""亥，有二首六身"，數也。古之時人人知之，而今日遂爲絕學。且曰藝而已矣，不知之無害也，此近代之儒所以自文其空疏也！

斗與辰合

《周禮·大司樂》注："此據十二辰之斗建，與日辰相配合，皆以陽律爲之主，陰呂來合之。"是以《大師》云："掌六律六同，以合陰陽之聲。"黃鐘，子之氣也，十一月建焉，而辰在星紀；大呂，丑之氣也，十二月建焉，而辰在元枵。故奏黃鐘歌、大呂以祀天神。大簇，寅之氣也，正月建焉，而辰在娵訾；應鐘，亥之氣也，十月建焉，而辰在析木。故奏大簇歌、應鐘以祀地祇。姑洗，辰之氣也，三月建焉，而辰在大梁；南呂，酉之氣也，八月建焉，而辰在壽星。故奏姑洗、歌南呂以祀四望。蕤賓，午之氣也，五月建焉，而辰在鶉首；林鐘，未之氣也，六月建焉，而辰在鶉火。故奏蕤賓、歌函鐘以祭山川。伸呂，巳之氣也，四月建焉，而辰在實沈；夷則，申之氣也，七月建焉，而辰在鶉尾。故奏夷則歌小呂以享先妣。夾鐘，卯之氣也，二月建焉，而辰在降婁；無射，戌之氣也，九月建焉，而辰在大火。故奏無射、歌夾鐘以享先祖。《太元經》所謂斗振天而進，日違天而退；先王作樂以象天地，其必有以合之矣。

凶聲

凡建國，禁其淫聲、過聲、凶聲、慢聲。凶聲，如殷紂好爲北鄙之聲，所謂亢厲而微末以象殺伐之氣者也。注謂："亡國之聲，若桑間、濮上。"此則一淫聲已，該之矣。

八音

先王之制樂也，具五行之氣。夫水火不可得而用也，故寓火於金，寓水於石。鳧氏爲鐘，火之至也；泗濱浮磬，水之精也。用天地之情以制器，是以五行備而八音諧矣。

土鼓，樂之始也；陶匏，祭之大也。二者之音，非以悅耳，存其質也。《國語》："伶州鳩曰：匏竹利制。"又曰："匏以宣之，瓦以贊之。"今之大樂，久無匏、土二音；而八音但有其六矣。熊氏謂："匏音亡，而清廉忠敬者之不多見。"吾有感於其言。

用火

有明火，有國火。明火以陽燧取之於日，近於天也，故卜與祭用之；國火取之五行之木，近於人也，故烹飪用之。

古人用火必取之於木，而復有四時五行之變。《素問》黃帝言："壯火散氣，少火生氣。"季春出火，貴其新者，少火之義也。今人一切取之於石，其性猛烈而不宜人；疾疢之多，年壽之減，有自來矣！

邵氏《學史》曰："古有火正之官。《語》曰：'鑽燧改火。'此政之大者也。所謂光融天下者，於是乎在。《周禮》司烜氏所掌，及春秋宋、衛、陳、鄭所紀者，政皆在焉。今治水之官，猶夫古也，而火獨缺焉；飲知擇水，而亨不擇火以祭以養，謂之備物可乎？或曰：庭燎則有司矣。雖然，此火之末也。"

涖戮于社

《大司寇》："大軍旅，涖戮于社。"注："社謂社主，在軍者也。"《書·甘誓》："用命賞于祖，不用命戮于社。"孔安國云："天子親征，必載遷廟之祖主及社主。行有功則賞祖主前，示不專也；不用命奔北者，則戮之於社主前，社主陰，陰主殺，觀祖嚴社之義也。"《記》曰："社所以神地之道。"意古人以社爲陰主，若其司刑殺之柄者；故祭勝國之社，則士師爲之尸，而王莽之將亡，赦城中囚徒，授兵殺豨，飲其血曰："有不爲新室者，社鬼記之。"宋襄公、季平子皆用人於社，而亡曹之夢，亦曰"立於社宮。"宰我戰栗之對，有自來矣。

邦朋

《士師》掌士之八成，七曰爲邦朋；太公對武王民有十大，而曰民有百里之譽、千里之交，六大也。又曰："一家害一里，一里害諸侯，諸侯害天下。"嗟呼！此太公之所以誅華士也！世衰道微，王綱弛於上，而私黨植於下；故箕子之陳《洪範》，必皇建其有極，而後庶民人無淫朋比德。《易泰》之九二曰："朋亡。"《渙》之六四曰："渙其羣元吉。"《莊子》："文王寓政於臧，丈人而列士，壞植散羣。"荀悅論曰："言論者，計薄厚而吐辭；選舉者，度親疏而舉筆。苞苴盈於門庭，聘問交於道路，書記繁於公文，私務衆於官事。"世之弊也。古今同之，可爲太息者此也！

王公六職之一

"坐而論道,謂之王公。"王亦爲六職之一也,未有無事而爲人君者。故曰天子一位。

奠摯見于君

士冠,士之嫡子繼父者也,故得奠摯見于君。

主人

"主人爵弁,纁裳,緇袘。"注:"主人,壻也,壻爲婦主。""主人筵于户西。"注:"主人,女父也。"親迎之禮,自夫家而行,故壻稱主人;至於婦家,則女父又當爲主人,故不嫌同辭也。女父爲主人,則壻當爲賓,故曰:"賓東面答拜"。注:"賓,壻也,對女父之辭也。"至於賓出而婦從,則變其文而直稱曰壻;壻者,對婦之辭也。曰主人,曰賓,曰壻,一人而三異其稱:可以見禮時爲大,而義之由內矣。

辭無不腆無辱

"歸妺[1],人之終始也。"先王於此有省文,尚質之意焉。故辭無不腆無辱,告之以直信曰:先人之禮而已,所以立生民之本,而爲嗣續之基;故以內心爲主,而不尚乎文辭也,非徒以教婦德而已。

---

[1] "妺",當爲"妹"。——編者註

某子受酬

《鄉飲酒禮》："某子受酬。"注："某者，衆賓姓也。"《鄉射禮》："某酬某子。"注："某子者，氏也。"古人男子無稱姓者，從《鄉射禮》注爲德；如《左傳》叔孫穆子言叔仲子、子服子之類。

辯

《鄉飲酒禮》《鄉射禮》其於旅酬皆言"辯"。注云："辯衆賓之在下者。"此辯非"辯察"之辯，古字辯事"徧"通。經文言辯者非一，《燕禮》注"今文'辯'者作'徧'是"也。《曲禮》："主人延客，食胾，然後辯殽。"《內則》："子師辯告諸婦諸母名。""宰辯，告諸男名；"《玉藻》："先飯，辯嘗羞，飲而俟。"《樂記》："其治辯者其禮具。"《左傳·定公八年》："子言辯舍爵於季氏之廟而出。"《史記·禮書》："瑞應辯至。"

須臾

"寡君有不腆之酒，請吾子之與寡君須臾焉，使某也以請。"古者樂不踰辰，燕不移漏，故稱須臾，言不敢久也。《記》曰："飲酒之節，朝不廢朝，莫不廢夕。"而《書·酒誥》之篇曰："在昔殷先哲王迪畏天顯，小民經德秉哲。""越在外服，侯、甸、男、衛邦伯；越在內服，百僚庶尹，惟亞惟服宗工；越百姓里居，罔敢湎于酒，不惟不敢，亦不暇。"是豈待初筵之規，三爵之制，而後不得醉哉？

飧不致

《聘禮》：“管人爲客，三日具沐，五日具浴；飧不致，賓不拜，沐浴而食之。”卽孟子所謂“廩人繼粟，庖人繼肉，不以君命將之”，恐勞賓也。

三年之喪

今人三年之喪，有過於古人者三事。《禮記·三年問》曰：“三年之喪，二十五月而畢。”《檀弓》曰：“祥而縞，是月禫，徙月樂。”王肅云：“是祥之月而禫，禫之明月可以樂矣。”又曰：“魯人有朝祥而莫歌者，子路笑之。夫子曰：‘由，爾責於人，終無已夫！三年之喪，亦已久矣夫！’子路出，夫子曰：‘又多乎哉！踰月，則其善也。’”《喪服小記》曰：“再期之喪，三年也。”《春秋·閔公二年·公羊傳》曰：“三年之喪，實以二十五月。”孔安國《書傳·太甲篇》云：“湯以元年十一月崩，至此二十六月，三年服闋。”鄭元謂二十四月再期，某月餘日不數，爲二十五月。中月而禫，則空月爲二十六月。出月禫祭，爲二十七月。與王肅異。按《三年問》曰：“‘至親以期，斷是何也？’曰：‘天地則已易矣，四時則已變矣；其在天地之中者，莫不更始焉，以是象之也。’‘然則何以三年也？’曰：‘加隆焉爾也。焉使倍之？故再期也。’”今從鄭氏之說，三年之喪，必二十七月。其過於古人，一也。《儀禮·喪服篇》曰：“疏衰裳齊、牡麻絰冠、布縷削杖、布帶疏屨期者，父在爲母。”傳曰：“何以期也？屈也。至尊在，不敢伸其私尊也。”《禮記·雜記下篇》曰：“期之喪十一月而練，十三月而祥，十五月而禫。”注云：“此爲父在爲母也。”《喪大記》曰：“期，終喪，不食肉，不飲酒。父在爲母，爲妻。”又曰：“期，居廬，終喪不御於內者，父在，爲母，爲妻。”《喪服四制》曰：“資於事父以事母而愛同，天無二日，土無二王，國無二君，家無二尊，以一治之也。故父在爲母，齊衰期者，見無二尊也。”《喪服傳》曰：“禽獸知母而不知父。野人曰父母何算焉？都邑之士，則知尊禰矣。”今從武后之制，亦服三年之服。其過於古人，二也。《喪服篇》又曰：“不杖麻屨者，婦爲姑舅。”《傳》曰：“何以期也？從服也。”《檀弓上篇》曰：“南宮縚之妻之姑之喪，夫子誨之髽，曰：‘爾母從從爾，爾毋扈扈爾。’蓋榛總以爲笄，長尺而總八寸。”《正義》謂以其爲朋之喪，而殺於斬衰之服。《喪服小記》曰：“婦人爲夫，與長子稱顥，其餘則否。”今從後唐之制，婦爲舅姑，亦服三年。其過於古人，三也。皆後儒所不敢議，非但因循國制，亦畏宰我短喪之譏；若乃日月雖多，而哀戚之情不至焉，則不如古人遠矣。古人以祥爲喪之終，中月而禫，則在除服之後；故《喪服四制》，言祥之日，鼓素琴，示民有終也。《檀弓》言孔子既祥五日，彈琴而不成聲，十日而成笙歌。有子蓋既祥而絲屨組纓。又曰：“祥而外無哭者，禫而內無哭者，樂作矣故也。”自魯人有朝祥而暮歌者，子路笑之。孔子言：“踰月則其善。”而孟獻子禫縣而不樂。孔子曰：“獻子加於人一等矣。”於是自禫而後，乃謂之終喪。

王肅據《三年問》“二十五月而舉”，《禮弓》“祥而縞，是月禫徙月樂”之文，謂爲二十五月。鄭元據服問“中月而禫”之文，謂爲二十七月。二說各有所據：古人祭當卜日，小祥卜於十三月之日，大祥卜於二十五月之日；而禫則或於大祥之月，或於大祥之後間一月。自《禮記》之時而行之，已不同矣。

《孝經援神契》曰：“喪不過三年以期，增倍五五二十五月，義斷仁孝示有終。”故漢人喪服之制，謂之五五。《堂邑令費鳳碑》曰：“菲五五，縗杖其未除。"《巴郡太守樊敏碑》曰"遭離母憂，五五斷仁"是也。

爲父斬衰三年，爲母齊衰三年，此從子制之也；父在爲母，齊衰杖期，此從夫制之也。家無二尊，而子不得自專；所謂夫爲妻綱，父爲子綱。審此可以破學者之疑，而息紛紜之說矣。

父在爲母，雖降爲期，而心喪之實，未嘗不三年也。《傳》曰：父必三年然後娶，達子之志也。假令娶於三年之內，將使爲之子者何服以見、何情以處乎？理有所不可也。抑其子之服於期而申其父之不娶於三年，聖人所以損益百世而不可改者，精矣。

《檀弓》上篇："伯魚之母死，期而猶哭。夫子聞之，曰：'誰與哭者？'門人曰：'鯉也。'夫子曰：'嘻，其甚也！'伯魚聞之，遂除之。"此自父在爲母之制，當然疏，以爲出母者非。

《喪服小記》曰："庶子在父之室，則爲其母不禫。"山陰陸氏曰："在父之室，爲未娶者也；并禫喪不舉，厭也。"

唐時武、韋二后，皆以婦乘夫，欲除三綱、變五服，以申尊母之義。故高宗上元元年十二月壬寅，天后上表，謂父在爲母服齊衰三年；中宗神龍元年五月丙申，皇后表請天下士庶，爲出母三年服，其意一也。彼欲匹二聖於天皇，陪南郊以亞獻，而況區區之服制乎？元宗開元七年八月癸丑，敕："周公制禮，歷代不刊；子夏爲傳，孔門所受。格條之內，有父在爲母齊衰三年；此有爲而爲，非曾厭之義。與其改作，不如師古，諸服紀宜一依《喪服》舊文，可簡而當矣。"奈何信道不篤，朝令夕更。至二十四年，又從韋縚之言，加舅母堂姨舅之服；天寶六載，又命出母終三年之服。而太和開成之世，遂使駙馬爲公主服斬衰三年。體教之淪，有由來矣！

自古以來，姦人欲蔑先王之禮法而自爲者，必有其漸。天后父在爲母齊衰三年之請，其意在乎臨朝也。故中宗景龍二年二月庚寅，大赦天下，內外五品以上母妻，各加邑號一等；無妻者聽授其女，而安樂公主求立爲皇太女，遂進鴆於中宗矣。

金世家❶大定八年二月甲午朔，制子爲改嫁母服喪三年。

洪武七年，雖定爲母斬衰三年之制；而孝慈皇后之喪，次年正旦，皇太子、親王、駙馬俱淺色常服，則尊厭之證，未嘗不用也。惟夫二十七月之內，不聽樂、不昏嫁、不赴舉、不服官，此所謂心喪，固百世不可改矣。

《喪服小記》曰："祖父卒，而后爲祖母後者，三年。"鄭氏曰："祖父在，則其服如父在爲母也，此祖母之喪厭於祖父者也。"

婦事舅姑，如事父母，而服止於期，不貳斬也。然而心喪則未嘗不三年矣。故曰：與更三年喪不去。

吳幼清❷《服制攷詳序》曰："凡喪禮制爲斬、齊、功緦之服者，其文也；不飲酒、不食肉、不處內者，其實也。中有其實而外飾之以文，是爲情文之稱；徒服其服而無其實，則與不服等爾。雖不服其服而有其實者，謂之心喪。心喪之實，有隆而無殺；服制之文，有殺而有隆，古之道也。愚嘗謂服制當一以周公之禮爲正，後世有所增改者，皆溺乎其文，昧乎其實，而不究古人制禮之意者也。爲母齊衰三年，而父在爲母杖期，豈薄於其母哉？蓋以夫爲妻之服既除，則子爲母之服亦除。家無二尊也。子服雖除，而三者居喪之實如故，則所殺者三年之文而已，實固未嘗殺也。女子子在室爲父斬，既嫁則爲夫斬，而爲父母期。蓋曰，子之所天者父，妻之所天者夫，嫁而移所天於夫，則降其父。婦人不貳斬者，不貳天也。降己之父母而期，爲夫之父母亦期；期之後，夫未除服，婦已除服而居喪之實，如其夫。是姑舅之服期，而實三年也，豈必從夫服斬而後爲三年哉？喪服有以恩服者，有以義服者，有以名服者：恩者，子爲父母之類是也；義者，婦爲舅姑之類是

---

❶ "家"，當爲"宗"。——編者註
❷ "情"，當爲"清"。——編者註

也；名者，爲從父、從子、之妻之類是也。從父之妻名以母之黨而服，從子之妻名以婦之黨而服，兄弟之妻不可名以妻之黨；其無服者，推而遠之也。然兄弟有妻之服，己之妻有娣姒婦之服；一家老幼，俱有服。己雖無服，必不華靡於其躬，宴樂於其室，如無服之人也。同爨且服緦，朋友尚加麻，鄰喪里殯猶無相杵巷歌之聲；奚獨於兄嫂弟婦之喪，而恝然待之如行路之人乎！古人制禮之意必有在，而未易以淺識窺也。夫實之無所不隆者，仁之至；文之有所或殺者，義之精。古人制禮之意蓋如此。後世父在爲母三年，婦爲舅姑從夫斬齊也，並三年。爲嫂有服，爲弟婦亦有服，意欲加厚於古；而不知古者子之爲母，婦之爲舅，姑叔之於嫂，未嘗薄也。愚故曰，此皆溺乎其文，昧乎其實，而不究古人制禮之意者也。古人所勉者，喪之實也，自盡於己者也；後世所加者；喪之文也。誠僞之相去何如哉？"

繼母如母

繼母如母，以配父也；慈母如母，以貴父之命也。然於其黨，則不同矣。《服問》曰："母出，則爲繼母之黨服；母死，則爲其母之黨服。爲其母之黨服，則不爲繼母之黨服。"鄭氏注曰："雖外觀亦無二統。"夫禮者，所以別嫌明微，非聖人莫能制之，此類是矣。

凡爲所後者之祖父母妻，妻之父母昆弟，昆弟之子若子

此因爲入後而推言之。所後者有七等之親，皆當如證而爲之服也。所後之祖，我之曾祖也；父母，我之祖父母也；妻，我之母也；妻之父母，我之外祖父母也。因妻而及，故連言之，取便文也。昆弟，我

133

之世叔父也；昆弟之子，我之從父昆弟也。若，及也；若子，我之從父昆爲之子也。《正義》謂"妻之昆弟，妻之昆弟之子"者，非。

女子子在室爲父

鄭氏注言：在室者關己許嫁。關，該也；謂許嫁而未行，遭父之喪，亦當爲之布總箭笄髽三年也。《內則》曰："有故二十三年而嫁。"《曾子問》孔子曰"女在塗而女之父母死，則女反"是也。

慈母如母

慈母者何也？子幼而母死，養於父妾；父卒，爲之三年，所以報其鞠育之恩也。然而必俟父命者，此又先王嚴父而不敢自專其報之義也。父命妾曰："女以爲子。"謂憐其無母，視之如子；長之育之，非立之以爲妾後也。《喪服小記》以爲爲慈母後，則未可信也。

《禮記·曾子問篇》："子游問曰：'喪慈母如母禮與？'孔子曰：'非禮也。古者，男子外有傅，內有慈母，君命所使教子也，何服之有？昔者，魯昭公少喪其母，有慈母良；及其死也，公弗忍也，欲喪之。有司以聞，曰：古之禮，慈母無服；今也，君爲之服，是逆古之禮而亂國法也。若終行之，則有司將書之以遺後世，無乃不可乎？'公曰：'古者，天子練冠以燕居，吾弗忍也。'遂練冠以喪慈母。""喪慈母，自魯昭公始也。"然但練冠以居，則異於如母者矣；而孔子以爲非禮。

《南史·司馬筠傳》："梁天監七年，安成國太妃陳氏薨，詔禮官議皇太子慈母之服；筠引鄭元說：服止鄉大夫，不宜施之皇子。"武帝以爲不然，曰：《禮》言慈母有三條：一則妾子無母，使妾之無子者養之，命爲子母，服以三年，《喪服·齊衰章》所言'慈母如母'是也；二則嫡妻子無母，使妾養之，雖均平慈愛，但嫡妻之子，妾無爲母之義，而恩深事重，故服以小功，《喪服·小功章》所以不直言慈母而云'庶母慈己'者，明異於三年之慈母也；其三則子非無母，擇賤者視之，義同師保，而不無慈愛，故亦有慈母之名，師保無服，則此慈母亦無服矣。《內則》云：'擇於諸母與可者，使爲子師，其次爲慈母，其次爲保母。'此其明文，言擇諸母，是擇人而爲；此三母，非謂擇取兄弟之母也。子游所問，自是師保之慈，非三年小功之慈也。故夫子得有此答。豈非師保之慈母無服之證乎？鄭元不辨三慈；混爲訓釋，引彼'無服'以注'慈己'；後人致謬，實此之由。"於是筠等請依制改定，嫡妻之子母，沒爲父妾所養，服之五月，貴賤並同，以爲永制。《喪服小記》曰："爲慈母之父母無服。"注曰："恩所不及故也。"又曰："慈母與妾母，不世祭也。"然則雖云如母，有不得盡同於母孝矣。

出妻之子爲母

"出妻之子爲母"，此經文也。《傳》曰："出妻之子爲母，期則爲外祖父母無服"，此《子夏傳》也。《傳》曰："絕族無施服親者屬。"此傳中引傳，援古人之言以證其無服也，當自爲一條。"出妻之子爲父後者，則爲出母無服"，此又經文也。《傳》曰："與尊者爲一體，不敢服其私親也。"此子夏傳也，當自爲一條。今本乃誤連之。

父卒繼母嫁

"父卒，繼母嫁，從。""從"字句，謂年幼不能自立，從母而嫁也。母之義，已絕於父，故不得三年；而其恩猶在於子，不可以不爲之服也。報者，母報之也，兩相爲服也。

有適子者無適孫

冢子，身之副也；家無二主，亦無二副。故有適子者無適孫，唐高宗有太子而復立太孫，非矣。

爲人後者爲其父母

"爲人後者，爲其父母。"此臨文之不得不然。《隋書》劉子翊云："'其'者，因彼之辭"是也。後儒謂以所後爲父母，而所生爲伯叔父母，於經未有所攷，亦自"尊無二上"之義而推之也。宋歐陽氏據此文以爲聖人未嘗沒其父母之名，辨之至數千言；然不若趙瞻之言辭窮直書，爲簡而當也。

《黃氏日鈔》曰："歐公被陰私之謗，皆激於當日主濮議之力。公集濮議四卷，又設爲或問以發明之；滔滔數萬言，皆以《禮經》'爲其父母'一語，謂未嘗因降服而不稱父母。耳然既明言所後者三年，而於所生者降服，則尊無二上明矣。謂所生父母者，蓋本其初而名之，非有兩父母也。未爲人後之時，以生我者爲父母；已爲人後，則以命我者爲父母。立言者於既命之後，而追本生之稱，自宜因其舊以父母稱，未必其人一時並稱兩父母也。公亦何苦力辨而至於困辱危身哉？況帝王正統相傳，有自非可常人比邪？"觀先朝嘉靖之事，至於入廟稱宗，而後知聖人制禮，別嫌明微之至也。永叔博聞之儒，而未見及此，學者所以貴乎格物。"爲人後者，爲其父母"，報謂所生之父母報之，亦爲之服期也。重其繼大宗也，故不以出降。

繼父同居者

夫物之不齊，物之情也；雖三王之世，不能使天下無孤寡之人，亦不能使天下無再適人之婦，且有前後家、東西家而爲喪主者矣。假令婦年尚少，夫死而有三五歲之子，則其本宗大功之親，自當爲之收恤；又無大功之親而不許之從其嫁母，則轉於溝壑而已。於是其母所嫁之夫，視之如子，而撫之以至於成人，此子之若人也，名之爲何？不得不稱爲繼父矣。長而同居則爲之服齊衰期，先同居而後別居，則齊衰三月，以其撫育之恩，次於生我也。爲此制者，所以寓恤孤之仁，而勸天下之人，不獨子其子也。若曰以其財貨爲之築宮廟，此後儒不得其說而爲之辭。

宗子之母在則不爲宗子之妻服也

《正義》謂"母年未七十尚與祭"，非也。《祭統》曰："夫祭也者，必夫婦親之。"是以"舅歿則姑老"，明其不與祭矣。雖老，固嘗爲主祭之人，而禮無二敬，故爲宗子之母服，則不爲妻服。

杜氏《通典》有《夫爲祖、曾祖、高祖父母特重妻從服議》一條，云："孔瑚問虞喜曰：'假使元孫爲後元孫之姑從服期，曾孫之婦尚存，緦麻，近輕遠重，情實有疑。'喜答曰：'有嫡子者無嫡孫，又若爲宗子母服，則不服宗子婦。以此推之，若元孫爲後而其母尚存，元孫之婦猶爲庶，不得傳重，傳重之服，理當在姑矣。'"宋庾蔚之謂"舅歿則姑老，是授祭事於子婦；至於祖服，自以姑爲嫡"，與此條之意互相發明。

君之母妻

與民同者，爲其君齊衰三月也；不與民同者，君之母妻，民不服，而嘗仕者獨爲之服也。古之卿大夫，有見小君之禮；而妻之爵服，則又君夫人命之，是以不容無服。

齊衰三月不言曾祖已上

宋沈括《夢溪筆談》曰："喪服但有曾祖、曾孫，而無高祖、元孫。或曰：經之所不言，則不服，是不然。曾重也；自祖而上者，皆曾祖也，自孫而下者，皆曾孫也，雖百世可也。苟有相逮者，則必爲服喪三月；故雖成王之於后稷亦稱曾孫，而祭禮祝文，無遠近皆曰曾孫。"

《禮記·祭法》言："適子、適孫、適曾孫、適元孫、適來孫。"《左傳》：王子虎盟諸侯，亦曰"及而元孫，無有老幼"。元孫之文，見於記傳者如此。然宗廟之中，並無此稱。《詩·維天之命》："駿惠我文王，曾孫篤之。"鄭氏箋曰："曾，猶重也；孫之子而下事先祖，皆稱曾孫。"《禮記·郊特牲》稱曾孫某，注謂諸侯事五廟也。於曾祖已上稱曾孫而已。《左傳·哀公二年》：衛太子禱文王，稱"曾孫蒯聵"。《晉書·鍾雅傳》元帝詔曰："禮事宗廟，自曾孫已下。"皆稱曾孫，義取於重孫，可歷世共其名，無所改也。"

曾祖父母齊衰三月，而不言曾祖父之父母，非經文之脫漏也，蓋以是而推之矣。凡人祖孫相見，其得至於五世者鮮矣，壽至於八九十而後可以見曾孫之子，百有餘年而曾孫之子之子亦可見矣。人之壽以百年爲限，故服至五世而窮；苟六世而相見焉，其服不異於曾祖也。經言曾祖已上不言者，以是而推之也。觀於祭之稱曾孫，不論世數；而知曾祖之名，統上世而言之矣。

兄弟之妻無服

"謂弟之妻婦者，是嫂亦謂之母乎？"蓋言兄弟之妻，不可以母子爲比；以名言之，旣有所閡而不通；以分言之，又有所嫌而不可以不遠。《記》曰："嫂叔之無服也"，蓋推而遠之也。夫外親之同爨猶緦，而獨兄弟之妻不爲制服者，以其分親而年相亞；故聖人嫌之，嫌之故遠之，而大爲之坊，不獨以其名也，此又傳之所未及也。存其恩於娣姒，而斷其義於兄弟，夫聖人之所以處此者精矣。

嫂叔雖不制服，然而曰："無服而爲位者惟嫂叔。"子思之哭嫂也爲位，何也？曰：是制之所抑而情之所不可闕也。然而鄭氏曰："正言嫂叔，尊嫂也；若兄公與弟之妻，則不能也。"此又足以補《禮記》之不及。

先君餘尊之所厭

尊尊親親，周道也。諸侯有一國之尊，爲宗廟社稷之主；旣沒而餘尊猶在，故公之庶子於所生之母，不得伸其私恩爲之大功也。大夫之尊，不及諸侯，旣歿則無餘尊；故其庶子於父卒爲其私親，並依本服，如邦人也。親不敵尊，故厭；尊不敵親，故不厭。此諸侯大夫之辨也。後魏廣陵侯衍爲徐州刺史所生母雷氏卒，表請解州，詔曰："先君餘尊之所厭，禮之明文；季末陵遲，斯典或廢。侯旣親王之子，宜

139

從餘尊之義，便可大功。"饒陽男遙官左衛將軍遭所生母憂，表請解任；詔以餘尊所厭，不許。

晉哀欲爲皇太妃服三年，僕射江彪："啓於禮應服緦麻。"又欲降服期，彪曰："厭屈私情，所以上嚴祖考。"乃服緦麻。

貴臣貴妾

此謂大夫之服，貴臣室老士也；貴妾，姪娣也，皆有相助之義，故爲之服緦。《穀梁傳》曰："姪娣者，不孤子之意也。"古者，大夫亦有姪娣。《左傳》："臧宣叔娶於鑄，生賈及爲而死，繼室以其姪，生紇"是也。備六禮之制，合二姓之好，從其女君而歸焉，故謂之貴妾。士無姪娣，故《喪服小記》曰："士妾有子而爲之緦。"然則大夫之喪，雖有子猶不得緦也。惟夫有死於宮中者，則爲之三月不舉祭，近之矣。

唐李晟夫人王氏無子，妾杜氏生子愿，詔以爲嫡子；及杜之卒也，贈鄭國夫人，而晟爲之服緦。議者以爲，準《禮》"士妾有子而爲之緦"，《開元新禮》無斯服矣，而晟擅舉復之，頗爲當時所誚；今之士大夫，緣飾禮文而行此服者，比比也。

外親之服皆緦

外親之服皆緦，外祖父母以尊加，故小功；從母以名加，故小功。唐元宗開元二十三年，制："令禮官議加服制。"太常卿韋紹請加外祖父母服至大功九月，舅服至小功五月，堂姨、堂舅、舅母服至袒免。太子賓客崔沔議曰："禮教之設，本於正家，家正而天下定矣。正家之道，不可以貳，總一定義，理歸本宗；所以父以尊崇，母以厭降，內有齊斬，外服皆總，尊名所加，不過一等。此先王不易之道，其來久矣。昔辛有適伊川，見被髮而祭於野者，曰：'不及百年，此其戎乎！其禮先亡矣。'貞觀脩禮，特改舊章；漸廣渭陽之恩，不尊洙泗之典。及宏道之後，唐元之間，國命再移於外族矣。禮亡徵兆，儻見於斯。開元初，補闕，盧履冰嘗進狀，論喪服輕重敕令，僉議於時；羣議紛挐，各安積習，太常禮部奏依舊之。陛下運稽古之思，發獨斷之明，特降別敕，一依古禮；事符典故，人知向方式，固宗盟社稷之福，更圖異議，竊所未詳。願守八年明旨，以爲萬代成法。"職方郎中韋述議曰："天生萬物，惟人最靈。所以尊尊親親，別生分類。存則盡其愛敬，歿則盡其哀戚。緣情而制服，考事而立言。往討聖論，亦已勤矣；上自高祖，下至元孫，以及其身，謂之九族。由近而及遠，稱情而立文；差其輕重，遂爲五服。則或以義降，或以名加；教有所從，理不踰等。百王不易，三代可知。若以匹敵言之，外祖則祖也，舅則伯、叔、父之列也；父母之恩不殊，而獨殺於外氏者，所以曾祖禰而異於禽也。且家無二尊，喪無二斬，持重於大宗者，降其小宗；爲人後者，減其父母之服；女子出嫁，殺其本家之喪：蓋所存者遠，所抑者私也。今若外祖及舅更加服一等，堂舅及姨列於服紀之內；則中外之制，相去幾何？廢禮徇情，所務者末。且五服有上殺之義，必循原本，方及條流。伯叔父母，本服大功九月，從父昆弟，亦大功九月。並以上出於祖，其服不得過於祖也；從祖祖父母，從祖父母，從祖昆弟，皆小功五月，以出於曾祖，服不得過於曾祖也；族祖祖父母，族祖父母，族祖昆弟，皆緦麻三月，以出於高祖，服不得過於高祖也。堂舅姨既出於外曾祖，若爲之制服，則外曾祖父母及外伯叔祖父母亦宜制服矣；外祖加至大功九月，則外曾祖父母合至小功，外高祖合至緦麻。若舉此而舍彼，事則不均；棄親而錄疏，理則不順。推而廣之，則與本族無異矣。且服皆有報，則堂外甥、外曾孫姪女之子皆須制服矣。聖人豈薄其骨肉，背其恩愛？蓋本於公者薄於私，存其大者略其細；義有所斷，不得不然。苟可加也，亦可減也；往聖可得而非，則禮經可得而隳矣。先王之制，禮之彝倫，奉以周旋，猶恐失墜；一紊其敘，庸可止乎？"禮部員外郎楊仲昌議曰："按《儀禮》爲舅緦，鄭文貞公魏徵，議同從母例加至小功五月。雖文貞賢也，而周孔聖也；以賢改聖，後學何從？今之所請，正同徵論。如以外祖父母加至大功，豈不加報於外孫乎？外孫爲報大功，則本宗庶孫又用何等服邪？竊恐內外乖序，親疏奪倫；情之所沿，何所不至？昔子路有姊之喪而不除。孔子曰：'先王制禮，行道之人，皆不忍也。'子路除之。此則聖人援事抑情之明例也。《記》不云乎："母輕議禮。'"時元宗手敕再三，竟加舅服爲小功，舅母緦麻，堂姨、堂舅袒免。宣宗舅鄭光卒，詔罷朝三日。御史大夫李景讓上言："人情於外族則深，於宗廟則薄；所以先王制禮，割愛厚親。士庶猶然，況於萬乘？親王公主，宗屬也；舅氏，外族也。今鄭光輟朝日數，與親王公主同，非所以別親疏防僭越也。"優詔報之，乃罷兩日。夫由韋述、楊仲昌之言，可以探本而尊經；由窐❶沔、李景讓之言，可以察微而防亂。豈非能言之士，深識先王之禮，而亦目見武、韋之禍，思永監於將來者哉？

宗廟之制，始變於漢明帝；服紀之制，變於唐太宗。皆率一時之情，而更三代之禮；後世不學之主，踵而行之。

唐人增改服制

唐人所議服制，似欲過於聖人。嫂叔無服，太宗令服小功；曾祖父母舊服三月，增爲五月；嫡子婦大功，增爲期；衆子婦小功，增爲大功；舅服緦，增爲小功。父在爲母服期，高宗增爲三年；婦爲夫之

---

❶ "窐"，當爲"崔"。——編者註

姨舅無服，元宗命從夫服，又增舅母緦麻，堂姨、舅祖免。而宏文館直學士王元感遂欲增三年之喪爲三十六月。皆務飾其文，欲厚於聖王之制；而人心彌澆，風化彌薄，不探其本而妄爲之增益，亦未見其名之有過於三王也。是故知廟有二主之非，則叔孫通之以益廣宗廟爲大孝者絀矣；知喪不過三年，示民有終之義，則王元感之服三十六月者絀矣；知親親之殺禮所由生，則太宗、魏徵所加嫂叔諸親之服者絀矣。《唐書·禮樂志》言："親❶之失也，在於學者好爲曲說，而人君一切臨時申其意；以增多爲盡禮，而不知煩數之爲黷也。"子曰："道之不明也，賢者過之。"夫賢者率情之偏，猶爲悖禮；而況欲以私意求過乎三王者哉？

宋熙寧五年，中書門下議不祧僖祖。祕閣校理王介上議曰："夫物有無窮，而禮有有限；以有限制無窮，此禮之所以起而天子所以七廟也。今夫自考而上何也？必曰祖。自祖而上何也？必曰曾祖。自曾祖而上何也？必曰高祖。自高祖而上又何也？必曰不可及見，則聞而知之者矣。今欲祖其祖而追之不已，祖之上又有祖，則固有無窮之祖矣。聖人制爲之限，此天子所以七廟自考廟，而上至顯祖之外而必祧也。自顯祖之外而祧，亦猶九族至高祖而止也，皆以禮爲之界也，五世而斬故也。喪之三年也，報罔極之恩也；以罔極之恩爲不足報，則固有無窮之報乎？何以異於是？故喪之罔極而三年也，族之久遠而九也，廟之無窮而七也，皆先王之制，弗敢過焉者也。"《記》曰："品節斯，斯之謂禮。"《易》於節之象曰："君子以制度數，議德行。"唐宋之君，豈非昧於節文之意者哉？貞觀之喪服，開元之廟諡，與始皇之狹小先王之宮廷而作爲阿房者，同一意也。

---

❶ "親"，當爲"禮"。——編者註

報於所爲後之兄弟之子若子

所後者,謂所後之親;所爲後,謂出而爲後之人。

爲人後者,於兄弟降一等,自期降爲大功也。兄弟之子報之亦降一等,亦自期降爲大功也。若子者兄弟之孫報之,亦降一等,自小功降而爲緦也。

庶子爲後者爲其外祖父母從母舅無服

與尊者爲一體,不敢以外親之服而廢祖考之祭,故紬其服也。言母黨,則妻之父母可知。

考降

考,父也。旣言父,又言考者,猶《易》言"幹父之蠱,有子考无咎"也。降者,骨肉歸復於土也。《記》曰:"體魄則降。"人死則魂升於天,魄降於地。《書》曰:"禮陟配天。"陟言升也。又曰:"放勳乃徂落。"落言降也。然而曰"文王陟降"何也?神無方也。可以兩在而兼言之。

噫歆

《士虞禮》"聲三"注:"聲者,噫歆也,將啓戶警覺神也。"《曾子問》"祝聲三"注:"聲,噫歆,警神也。"蓋歎息而言神其歆我乎?猶《詩》"顧予烝嘗"之意也。喪之皋某，復祭之噫歆，皆古人命鬼之辭。

《既夕禮》"聲三"注："舊說以爲噫興。"噫興者，歎息而欲神之興也。噫歆者，歎息而欲神之歆也。

毋不敬

"毋不敬，儼若思，安定辭"，修己以敬也；"安民哉"，修己以安人也。"儼若思，安定辭"，何以定民？子曰："危以動，則民不興也；懼以語，則民不應也。"《詩》云："彼都人士，狐裘黃黃；其容不改，出入有章；行歸于周，萬民所望。"

女子子

"女子子"，謂己所生之子，若兄弟之子；言女子者，別於男子也。古人謂其女亦曰子，《詩》曰"齊侯之子，衛侯之妻"，《論語》曰"以其子妻之"是也。此章言男女之別，故加"女子"於"子"之上以明之；下乃專言兄弟者，兄弟至親，兄弟之於姊妹，猶弗與同席同器，而況於姑乎，況於女子子乎？不言從子不言父，據兄弟可知也。《喪服少❶記》言："女子子在室爲父母杖。"然則女子謂己所生之子，明矣。《內則》曰："七年，男女不同席，不共食。"則不待已嫁而反矣。

取妻不取同姓

姓之爲言生也。《詩》曰："振振公姓。"天地之化，專則不生，兩

---

❶ "少"，當爲"小"。——編者註

則生。故叔詹言："男女同姓，其生不蕃。"而子產之告叔向云："內官不及同姓，美先盡矣，則相生疾。"晉司空季子之告公子曰："異德合姓。"鄭史伯之對桓公曰："先王聘后于異姓，務和同也。聲一無聽，物一無文。"是知禮不娶同姓者，非但防嫌，亦以戒獨也。故《曲禮》："納女于天子，曰備百姓。"而《郊特牲》注云："百官，公卿以下也。百姓，王之親也。"《易》曰："男女暌而其志通也。"是以王御不參一族，其所以合陽陰之化而助嗣續之功微矣！

古人以異姓爲婚媾之稱。《大戴禮》："南宮絛，夫子信其仁，以爲異姓。"謂以兄之子妻之也。《周禮·司儀》："時揖異姓。"鄭氏注引此。姓之所從來本於五帝，五帝之得姓本於五行，則有相配相生之理。故《傳》言："有媯之後，將育於姜。"又曰："姬、姞耦，其生必蕃。"而後世五音族姓之說自此始矣。晉嵇康論曰："五行有相生，故同姓不婚。"春秋時最重族姓，至七國時則絕無一語及之者；正猶唐人最重譜諜，而五代以後，則蕩然無存，亦不復問此。百餘年間，世變風移，可爲長歎也已！

父不祭子夫不祭妻

"父不祭子，夫不祭妻。"不但名分有所不當，而以尊臨卑，則死者之神亦必不安。故其當祭，則有代之者矣。此別是一條說者，乃蒙上"餕餘不祭"之文而爲之解。殆似山東人作"不徹薑食，不多食"義，卽謂"不多食薑"同一謬也。

檀弓

讀《檀弓》二篇，及《曾子問》，乃知古人於禮服講之悉而攷之明如此。《漢書》言夏侯勝善説禮服，蕭望之從夏侯勝問《論語》禮服。唐開元《四部書目》，《喪服傳義疏》有二十三部；昔之大儒，有專以服喪名家者，其去鄒魯之風未遠也。故蕭望之爲太傅，以《論語》禮服授皇太子；宋元嘉末，徵隱士雷次宗詣京邑，築于鍾山西巖下，爲皇太子諸王講喪服經；齊初何佟之爲國子助教，爲諸王講《喪服》；陳後主在東宮，引王元規爲學士，親授《禮記》《左傳》《喪服》等義；魏孝文帝親爲羣臣講《喪服》于清澈堂，而《梁書》言始興王憺薨，昭明太子命諸臣共議從明山賓朱异之言，以慕悼之辭，宜終服月。夫以至尊在御，不廢講求喪禮；異于李義府之言，不豫凶事而去《國恤》一篇者矣。

宋孝宗崩，光宗不能執喪，甯宗嗣服，已服期年喪，欲大祥畢，更服兩月；監察御史胡紘言："孫爲祖服，已過期矣。議者欲更持禫兩月，不知以用典禮。若曰嫡孫承重，則太上聖躬亦已康復，於宮中自行二十七月之重服；而陛下又行之，是喪有二孤也。"詔侍從臺諫給舍集義。時朱熹上議，以紘言爲非，而未有以折之；後讀《禮記正義·喪服小記》爲祖後者餘❶，因自識於本議之末。其略云：準五服年月格，斬衰三年，嫡孫爲祖，法意甚明；而《禮經》無文，《傳》云："父歿而後祖後者服斬。"然而不見本經，未詳何據？但《小記》云"祖父卒而後爲祖母後者三年"，可以傍照。至"爲祖後者"條下，疏中所引《鄭志》，乃有"諸侯父有廢疾，不任國政，不任喪事"之問。而

---

❶ "餘"，當爲"條"。——編者註

鄭答以"天子諸侯之服皆斬"之文。方見父在而承國於祖之服，向日上此奏時，無文字可檢，又無朋友可問，故大約且以《禮律》言之。亦有疑父在不當承重者，時無明白證驗，但以《禮律》人情大意答之，心常不安。歸來稽攷，始見此說，方得無疑。乃知學之不講，其害如此；而《禮經》之文，誠有闕略，不無待於後人。向使無鄭康成，則一事終未有所斷决，不可直謂古人定制，一字不可增損也。嗚呼！若曾子、子游之倫，親受學於聖人，其於節文之變，辨之如此其詳也；今之學者，生於草野之中，當禮壞樂崩之後，於古人之遺文，一切不為之討究，而曰："禮吾知其敬而已，喪吾知其哀而已"，以空學而議朝章，以清談而干王政，是尚不足以闚漢儒之里，而何以升孔子之堂哉！

《論語》之言"斯"者七十而不言"此"，《檀弓》之言斯者五十有三而言"此"者一而已。夫❶學成于曾氏之門人，而一卷之中，言"此者"十有九。語音輕重之間，而世代之別，從可知已。

太公五世反葬于周

太公，汲人也。聞文王作然後歸，《周史》之所言，已就封于齊矣。其復入為太師，薨而葬于周，事未可知；使其有之，亦古人因薨而葬不擇之地常爾，《記》以首丘喻之，亦已謬矣！乃云"比及五世，皆反葬于周"。夫齊之去周二千餘里，而使其已化之骨，跋履山川，觸冒寒暑，自東徂西，以葬于封守之外，于死者為不仁。古之葬者，祖于庭，堋於墓，反哭於其寢。故曰："葬日虞，勿忍一日離也。"使齊之孤，重跰送葬，曠月淹時，不獲遵五月之制，速反而虞，於生者為不孝。且也，入周之境而不見天子，則不度；離其喪次，而以衰経見

---

❶ "夫"，當為"大"。——編者註

則不祥；若其孤不行，而使卿攝之，則不恭；勞民傷財則不惠：此數者，無一而可。禹葬會稽，其後王不從；而殺之南陵，有夏后皋之墓，豈古人不達禮樂之義哉？體魄則降，知氣在上。故古之事，其先人於廟而不於墓，聖人所以知幽明之故也。然則太公無五世反葬之事明矣。

扶君

"扶君，卜人師扶右，射人師扶左；君薨，以是舉。"此所謂男子不死於婦人之手也。三代之世，侍御僕從，罔非正人；裗衣虎賁，皆惟吉士。與漢高之獨枕一宦者臥異矣。《春秋傳》曰："公薨於小寢，卽安也。"魏中山王袞疾病，令官屬以時營東堂；堂成，輿疾往居之。其得禮之意者與？

二夫人相爲服

"從母之夫舅之妻，二夫人相爲服。"從母之夫，與謂吾從母之夫者，相爲服也。舅之妻，與謂吾舅之妻者相爲服也。上不言妻之姊妹之子，下不言夫之甥，語繁而究❶，不可以成文也。聞一知二，吾於《孟子》以紂爲兄之子言之。

同母異父之昆弟

同母異父之昆弟，不當有服。子夏曰："我未之前聞也。"此是正說。而又曰："魯人則爲之齊衰。"則多此一言矣。儀狄從而行之，後

---

❶ "究"，當爲"冗"。——編者註

人踵而效之；今之齊衰，儀狄之間也，以其爲大賢之所許也。然則魯人之前，固未有行之者矣。是以君子無輕議禮。

廣安游氏曰：“後世所承傳之禮，有出二代之末，沿禮之失而爲之者；不喪出母，古禮之正也。孔氏喪出母，惟孔子行之而非以爲法；今禮家爲出母服齊衰杖期，此後世之爲，非禮之正也。同母異父之昆弟，子游曰：‘爲之大功。’魯人爲之齊衰。亦非禮之正也。昔聖人制禮，教人以倫，使之父子有親，男女有別；然後一家之尊，知統乎父，而厭降其母。同姓之親，厚於異姓；父在則爲母服齊衰期，出母則不爲服。後世既爲出母制服，則雖異父之子以母之之故，亦爲之服矣。此其失在乎不明父母之辨，一統之尊，不別同姓異姓之親而致然也。及後世父在而升其母，三年之服；至異姓之服，若堂舅、堂姨之類，亦相緣而升。夫禮者，以情義言也；情義者，有所限止，不可徧給也。母統於父，嚴於父，則不得不厭降於其母；厚於同姓，則不得不降殺於異姓。夫是以父尊而母卑，夫尊而婦卑，君尊而臣卑，皆順是而爲之也。今子游欲以意爲之大功，此皆承世俗之失；失之之原，其來寖遠。後世不攷其原而不能正其失也。”

子卯不樂

古先王之爲後世戒也，至矣！欲其出而見之也，故亡國之社，以爲廟屏；欲其居而思之也，故子卯不樂。稷食菜羹，而太史奉之以爲謀惡。此君子安而不忘危，存而不忘亡之義也。漢以下，人主莫有行之者。後周武帝天和元年五月甲午，詔曰：“道德交喪，禮義嗣興；襃四始於言，美三子於敬。是以在上不驕，處滿不溢；富貴所以長守，邦國於焉乂安。故能承天靜地、和民敬鬼，明並日月，道錯四時。朕雖庸昧，有志前古。甲子乙卯，《禮》云：不樂戻宏表昆吾之稔，杜簣有揚觶之文，自世道喪亂，禮儀紊毀，此典茫然已墜于地！昔周王受命請聞，顓頊廟有戒盈之器，室爲復禮之銘。矧伊未學而能忘此，宜依是日省事停樂，庶知爲君之難，爲臣不易；貽之後昆，殷鑒斯在。"

子，甲子也；卯，乙卯也。古人省文，但言子卯。翼奉乃謂："子爲貪狼，卯爲陰賊，是以王者忌子卯，《禮經》避之，《春秋》諱焉。"此術家之說，非經義也。

君有饋焉曰獻

"仕而未有祿者，君有饋焉曰獻，使焉曰寡君。"示不純臣之道也。故哀公執摯以見周豐，而老萊子之于楚王自稱曰"僕"。蓋古之人君有所不臣，故九經之序，先尊賢而後敬大臣。尊賢，其所不臣者也。至若武王之訪于箕子，變"年"稱"祀"，不敢以維新之號臨之。恪舊之心，師臣之禮，又不可以尋常論矣。

邾婁考公

"邾婁考公之喪，徐君使容居來弔含。"注："考公，隱公益之曾孫，'考'或爲'定'。"按：隱公當魯哀公之時，傳至曾孫考公，其去春秋已遠；而魯昭公三十年，吳滅徐，徐子章羽奔楚，楚沈尹戍帥師救徐弗及，遂城夷，使徐子處之。是已失國而爲寓公，其尚能行王禮于鄰國乎？定公在魯宣、文之時，作"定"爲是。

因國[1]

有勝國，有因國。《周禮·媒氏》："凡男女之陰，訟聽之于勝國之社。"《喪祝》："掌勝國邑之社稷之祝號。"《士師》："若祭勝國之社稷，則爲之尸。"《書序》言湯旣勝夏，欲遷其社；又言武王勝殷。《左傳》凡勝國曰"滅之"，是也。《王制》："天子諸侯祭因國之在其地而無主後者。"《左傳》："子產對叔向曰：'遷閼伯於商丘，主辰，商人是因；遷實沈於大夏，主參，唐人是因。'"齊晏子對景公曰"昔爽鳩氏始居此地，季萴因之；有逢伯陵因之，蒲姑氏因之，而後太公因之"是也。

文王世子

"文王之爲世子，朝于王季，日三，雞初鳴而衣服至于寢門外。"不獨文王之孝，亦可以見王季之蚤勤也。爲父也，未明而衣；則爲子者，雞鳴而起矣。苟宴安自逸，又何怪乎其子之惰四支而不養也？是以《小宛》之詩，必曰"夙興夜寐"，而管甯五日宴起，自訟其愆；古人之以身行道者如此。

武王帥而行之

文王之孝，可謂至矣。"武王帥而行之，不敢有加焉。"如三朝食上，色憂復膳之節，皆不敢有過於文王。此《中庸》之行，凡而後人

---

[1] 原書無此標題，乃編者所加。——編者註

之立意欲以過於前人者，皆有所爲而爲之也。故樂正子春之母死，五日而不食。曰："吾悔之，自吾母而不得吾情。吾惡乎用吾情！"

用日干支

三代以前，擇日皆用于❶。《郊特牲》："郊日用辛，社日用甲。"《詩》："吉日爲戊，旣伯旣禱。"《穀梁傳》："六月上甲，始庀牲。十月上甲，始繫牲。"《月令》："仲春上丁，命樂正習舞釋菜。仲丁，命樂正入學習樂；季秋上丁，命樂正入學習吹。"《春秋》："七月上辛，大雩。季辛，又雩。"《易·蠱卦》："先甲三日，後甲三日。"《巽》："九五，先庚三日，後庚三日"之類是也。秦漢以下，始多用支，如午祖、戌臘、三月上巳祓除及正月剛卯之類是也。《月令》："擇元辰，躬耕帝藉。"盧植說曰："日，甲至癸也；辰，子至亥也。郊天，陽也，故曰日；藉田，陽也，故以辰。蔡邕《月令章句》云：'日，幹也；辰，支也。有事于天用日，有事于地用辰。"此漢儒之說，攷之經文，無用支之證。

社日用甲

《月令》："擇元日命民社。"注："祀社日用甲。"據《郊特牲》文，日用甲，日用之始也。《正義》曰："《召誥》：'戊午乃社于新邑。'用戊者，周公告營洛邑位成，非常祭也。《墨子》云"吉日丁卯，周祝社❷。"疑不可信。漢用午，魏用未，晉用酉，各因其行運。潘尼《皇太子社詩》："孟月涉初旬，吉日惟上酉"，則不但用酉，又用孟月。唐武后長壽元年

---

❶ "于"，當爲"干"。——編者註
❷ 據《墨子》，"周祝社"，當爲"周代祝社、方"。——編者註

153

制，更以九月爲社；元宗開元十八年詔，移社日就千秋節，皆失古人用甲之義矣。

不齒之服

道二，仁與不仁而已矣。出乎吉，則入乎凶。惰游之士，縞冠垂緌，不齒之人，元冠縞武；以其爲自吉而之凶之人，故被之以不純吉而雜乎凶之服。

爲父母妻子長子禫

禫者，終喪之祭。父母之喪，中月而禫固已，妻與長子何居？夫不有祖父母、伯叔父母反❶昆弟乎？曰：夫爲妻，父爲長子，喪之主也；服除而禫，非夫非父，其誰主之？若祖父母、伯叔父母及兄弟，則各有主之者，故不禫。

父在爲母，則從乎父而禫。

爲殤後者以其服服之

"爲殤後者，以其服服之。"殤無爲人父之道，而有爲殤復者，此禮之變也。謂太宗之子，未及成人而殤；取殤者之兄弟若兄之子以爲後，則以爲人後之服而服之。如父不以其殤而殺，重大宗也。若魯之閔公，八歲而薨，僖爲之後是已。夫禮之制殤，所以示長幼之節，而殺其恩也。大宗重則長幼之節輕，故殤之服而有時不異乎成人；不以

---

❶ "反"，當爲"及"。——編者註

宜殺之恩而虧尊祖之義，此所謂權也。若曰服其本服云爾，《記》何必言之而亦烏有爲殤後者哉？

庶子不以杖卽位

古之爲杖，但以輔疾而已；其後以杖爲主喪者之用。喪無二主，則無二杖，故庶子不以杖卽位。

夫爲妻杖，則其子不杖矣。父爲長子杖，則其孫不杖矣。《雜記》曰："爲長子杖，則其子不以杖卽位。"

婦人不爲主而杖者

無杖則不成喪，故父❶子在室；父母死而無男昆弟，則女子杖。其曰"一人"，明無二杖也。

姑在爲夫杖，必其無子也；母爲長子削杖，必其無父也。此三者，皆無主之喪，故婦人杖。

庶姓別於上

庶姓者，子姓也。《特牲饋食禮》言"子姓兄弟"。注曰："所注者之子孫，言子姓者，子之所生。"《玉藻》《喪大記》并言"子姓"。注曰："子姓，謂衆子孫也。"故《詩》言"公姓以繼公子，"而"同父"之變文則云"同姓"。此所云"庶姓別於上"者，亦"子姓"之姓，與《周禮・司儀》之云"土揖庶姓"者，文同而所指異也。

---

❶ "父"，當爲"女"。——編者註

愛百姓故刑罰中

人君之於天下，不能以獨治也；獨治之而刑煩矣，衆治之而刑措矣。古之王者，不忍以刑窮天下之民也。是故一家之中，父兄治之；一族之間，宗子治之。其有不善之萌，莫不自化於閨門之內；而猶有不師教者，然後歸之士師。然則人君之所治者約矣。然後原父子之親，立君臣之義，以權之意論輕重之序，慎惻淺深之量以別之；悉其聰明，致其忠愛以盡之。夫然，刑罰焉得而不中乎？是故宗法立而刑清，天下之宗子，各治其族以輔人君之治；罔攸兼于庶獄，而民自不犯于有司。風俗之純，科條之簡，有自來矣！《詩》曰："君之宗之。"吾是以知宗子之次于君道也。

庶民安故財用足

民之所以不安，以其有貧有富；貧者至於不能自存，而富者常恐人之有求而多爲吝嗇之計，于是乎有爭心矣。夫子有言："不患貧而患不均"，夫惟收族之法行，而歲時有合食之恩，吉凶有通財之義。本俗六，安萬民。三曰聯兄弟而鄉三物之所興者六，行之條曰睦、曰恤，不待王政之施，而矜寡孤獨廢疾者皆有所養矣。此所謂均無貧而財用有不足乎？至于《葛藟》之刺，興《角弓》之賦，作九族乃離一方相怨，而餅罍交恥，泉池并竭。然後知先王宗法之立，其所以養人之欲，而給人之求爲周且豫矣。

術有序

《學記》"術有序"注:"'術'當爲'遂',聲之誤也。《周禮》:'萬二千五百家爲遂。'"按:《水經注》引此作"遂有序"。《周禮》序[1]人之職,五家爲鄰,五鄰爲里,四里爲酇,四酇爲鄙,五鄙爲縣,五縣爲遂;皆有地域溝樹之,使各掌其政令。又按:《月令》:"審端徑術。"注:"'術',《周禮》作'遂',夫間有遂,遂上有徑;徑,小溝也。"《春秋·文公十二年》:"秦伯使術來聘。"《公羊傳》《漢書·五行志》并作遂。《管子·度地篇》:"百家爲里,里十爲術,術十爲州。"術音遂,此古術、遂二字通用之證。陳可大《集說》改"術"爲"州",非也。

《周禮·州長》"會民射于州序。"陳氏《禮書》曰:"州曰序。《記》言遂有序何也?《周禮》遂官各降鄉官一等,則遂之學,亦降鄉一等矣。降鄉一等而謂之州長,其爵與遂大夫同,則遂之學其名與州同序同可也。"

師也者所以學爲君

三代之世,凡民之俊秀,皆入大學,而教之以治國、平天下之事。孔子之于弟子也,四代之禮樂以告顏淵,五至三無以告子夏。而又曰:"雍也,可使南面。"然則內而聖,外而王,無異道矣。其《繫易》也曰:"九二,'見龍在田,利見大人',何謂也?子曰:'龍德而正中者也。'庸言之信,庸行之謹,閑邪存其誠,善世而不伐,德博而化。《易》曰:'見龍在田,利見大人',君德也。"君子學以聚之,問以辨之,寬以居之,仁

---

[1] "序",當爲"遂"。——編者註

以行之。《易》曰"見龍在田，利見大人"，君德也。故曰："師也者，所以學爲君也。"

肅肅敬也

肅肅，敬也；雝雝，和也。《詩》本"肅雝"一字而引之二字者，長言之也。《詩》云："有洸[1]有潰。"毛公傳之曰："洸洸，武也；潰潰，怒也。"卽其例也。

以其綏復

男子以車爲居，以弓矢爲器。故其生也，桑弧蓬矢以射天地四方；其死也，設决麗于擘。比葬，則弓矢之新沽功有弭飾焉，亦張可也，以射者男子之事也。如死于道則升其乘車之左轂，以其綏復，以車者男子之居也。

升車必正立執綏，以其綏復者，其象行也。其象行，所以達其志也。于是有朝聘而終，以尸將事之禮矣。邾婁復之以矢，猶有殺敵之意焉，此亡於禮者之禮也。

親喪外除兄弟之喪內除

"親喪外除"者，祥爲喪之終矣，而其哀未忘，故中月而禫。"兄弟之喪內除"者，如其日月而止。

---

[1] "洗"，當爲"洸"。見《詩經·邶風·谷風》。下文"洸洸"，原書亦做"洗"，徑改。——編者註

十五月而禫

期之喪十一月而練，十三月而祥，十五月而禫。孔氏曰："此言父在爲母，亦備二祥節也。"蓋以十月當大喪之一周，踰月則可以練矣，故曰十一月而練；以十二月當大喪之再周，踰月則可以祥矣，故曰十三月而祥。又加兩月焉，則與大喪之中月同可以禫矣，故曰十五月而禫。

父在爲母，其禫也父主之；則夫之爲妻，亦當十五月而禫矣。晉孫楚除婦服詩，但以一周而畢，蓋不數禫月。

其他期喪祥禫之祭，皆不在已；則亦以十一月而練，十三月而除可知。故鄭氏曰："凡齊衰十一月，皆可以出弔。"

妻之黨雖親弗主

姑姊妹其夫死而夫黨無兄弟，使夫之族人主喪，妻之黨雖親弗主，夫若無族矣；則前後家、東西家無有，則里尹主之。此文以姑姊妹發端，以戒人不可主姑姊妹之父之喪也。夫甯使疏遠之族人，與鄰里家尹，而不使妻之黨爲之主。聖人之意，蓋已逆知後世必有如王莽假母后之權、行居攝之事而篡漢家之統，而豫爲之坊者矣。別內外，定嫌疑，自天子至于庶人，一也。或曰"主之而附於夫之黨"，是惡知禮意哉？

159

吉祭而復寢

"禫而從御,吉祭而復寢。"互言之也。鄭注已明,而孔氏乃以吉祭爲四時之祭,雖禫之後,必待四時之祭訖,然後寢復,非也。禫卽吉祭也,豈有未復寢而先御婦人者乎?

如欲色然

人少則慕父母,知好色則慕少艾;能以慕少艾之心而慕父母,則其誠無以加矣!

先古

《祭義》:"以事天地、山川、社稷、先古。"先古,先祖也。《詩》云:"以似以續,續古之人。"亦謂其先人也。近曰先,遠曰古,故周人謂其先公曰"古公"。

博愛

先之以博愛而民莫遺其親,左右就養無方,謂之博愛。

以養父母日嚴

"故親生之膝下,以養父母日嚴。"孩提之童,愛知而已;稍長,然後知敬，知敬，然後能嚴。子曰："今之孝者，是謂能養；至于犬馬，皆能有養。不敬，何以別乎？"故雞初鳴而衣服至於寢門外，問衣燠寒疾痛苛養而敬抑搔之；出入則或先或後而敬扶持之敬之始也。《詩》云："戰戰兢兢，如臨深淵，如履薄冰。"而今而後，吾知免夫，敬之終也。日嚴者，與日而俱進之謂。

致知

致知者，知止也。知止者何？爲人君，止於仁；爲人臣，止於敬；爲人子，止於孝；爲人父，止於慈；與國人交，止於信：是之謂止。知止然後謂之知至，君臣、父子、國人之交，以至於禮儀三百、威儀三千，是之謂物。

《詩》曰："天生烝民，有物有則。"孟子曰："舜明于庶物，察于人倫。"昔者，武王之訪，箕子之陳，曾子、子游之問，孔子之答，皆是物也。故曰"萬物皆備于我"矣。

惟君子爲能體天下之物，故《易》曰："君子以言有物，而行有恆。"《記》曰："仁人不過乎物，孝子不過乎物。"

以格物爲多識於鳥獸草木之名，則未矣！知者，無不知也，當務之爲急。

聽訟者，與國人交之一事也。

顧諟天之明命

"維天之命，於穆不已。"其在於人，日用而不知莫非命也。故《詩》《書》之訓，有曰："顧諟天之明命。"又曰："永言配命，自求多福。"又曰："若生子，罔不在厥初生，自貽哲命。"又曰："惟克天德，自作元命，配享在下。"而劉康公之言曰："民受天地之中以生，所謂命也。是以有動作禮義威儀之間，以定命也。""彼其之子，邦之司直。"而以爲舍命不渝。"乃如之人，懷昏姻也"，而以爲不知命也；則子之孝，臣之忠，夫之貞，婦之信，此天之所命而人受之爲性者也。故曰：天命之謂性。求命於冥冥之表，則離而二之矣！"《予迓篇》，乃命于天❶人事也，理之所至，氣亦至焉。是以含章中正而有隕，自天非正之行，而天命不祐。

桀紂帥天下以暴

《仲虺之誥篇》曰："簡賢附勢，實繁有徒。"《多方》篇曰："叨懫❷丑欽，劓割夏邑。"此桀民之從暴也。《微子篇》曰："殷罔不小大，好草竊奸宄，卿士師師非度，凡有辜罪，乃罔恆獲。小民方興，相爲敵仇。"此紂民之從暴也。故曰："幽、厲興則民好暴。"古之人所以胥訓告、胥保惠教誨而不使民之陷于邪僻者，何哉？上無禮，下無學，賊民興，喪無日矣！天保之詩，皆祝其君以受福之辭；而要其指歸，不過曰："民之質矣。日用飲食，羣黎百姓，徧爲爾德。"然則人君爲國之存亡計者，其可不致審於民俗哉？

財者末也

古人以財爲末，故舜命九官，未有理財之職；周官財賦之事，一

---

❶ 《尚書·盤庚》中有"予迓續乃命于天"的記載，疑此句有誤。——編者註
❷ "懫"，當爲"懫"。——編者註

皆領之於天官冢宰，而六卿無專任焉。漢之九卿：一太常，二光祿勳，三衛尉，四太僕，五廷尉，六鴻臚，七宗正，八大農，九少府；大農掌財在後，少府掌天子之私財，又最後。唐之九卿：一太常，二光祿，三衛尉，四宗正，五太僕，六大理，七鴻臚，八司農，九太府；大略與漢不殊，而戶部不過尚書省之屬官，故與吏、禮、兵、刑、工并列而爲六。至於大司徒教民之職，宰相實總之也。罷宰相，廢司徒，以六部尚書爲二品，非重教化後財貨之義矣。

未有上好仁而下不好義者也

治化之隆，則遺秉滯穗之利及於寡婦；恩情之薄，則穰賃箕帚之色加於父母。故欲使民興孝興弟，莫急於生財；以好仁之君，用不畜聚斂之臣，則財足而化行；人人親其親長其長，而天下平矣。

君子而時中

《記》曰："禮，時爲大，順次之，體次之，宜次之，稱次之。堯授舜，舜授禹，湯放桀，武王伐紂，時也；天地之祭，宗廟之事，父子之道，君臣之義，倫也；社稷、山川之事，鬼神之祭，體也；喪祭之用，賓客之交，義也；羔豚而祭，百官皆足，太牢而祭，不必有餘，此之謂稱也。"古之聖人，內之爲尊，外之爲樂；少之爲貴，多之爲美；是故先王之制禮也，不可多也，不可寡也，惟其稱也。此所謂"君子而時中"者也。故《易》曰："二篡應有時，損剛益柔有時。"

子路問強

《洪範》"六極",六曰弱。鄭康成注:"愚懦不毅爲弱。"故子路問強。

鬼神

王道之大,始於閨門;妻子合,兄弟和,而父母順,道之邇也,卑也。郊焉而天神假,廟焉而人鬼饗,道之遠也,高也。先王事父孝,故事天明,事母孝,故事地察;修之爲經,布之爲政,本於天,殽於地,列於鬼神,達於喪祭、射御、冠昏、朝聘,而天下國家可得而正也。若舜、若文武周公,所謂庸德之行而人倫之至者也。故曰:"君子之道,造端乎夫婦;及其至也,察乎天地。"

人之有父母也,雞鳴問寢,左右就養無方,何其近也?及其既亡,而其容與聲,不可得而接也,於是或求之陰,或求之陽,然後優然必有見乎其位,然後乃憑工祝之傳而致賚於孝孫,生而爲父母,殁而爲鬼神。子曰:"爲之宗廟,以鬼享之。"此之謂也。"洋洋乎如在其上,如在其左右。"由順父母而推之也。《記》曰:"文王之爲世子,朝于王季日三,雞初鳴而衣服至于寢門外,問內豎之御者曰:'今日安否何如?'內豎曰:'安。'文王乃喜。及日中又至,亦如之;及暮又至,亦如之。其有不安節,則內豎以告文王,文王色憂,不能正履;王季復膳,然後亦復初食。上必在視寒暖之節食,下問所膳。命膳宰曰:'末有原。'應曰:'諾。'然後退。"又曰:"文王之祭也,事死者如事生,思死者如不欲生,忌日必哀,稱諱如見親,祀之忠也。如見親之所愛,如欲色然,其文王與!"《詩》云:"明發不寐,有懷二人。"文王之詩也。夫惟文王生而事親如此之孝,故歿而祭如此之忠,而如親之或見也;苟其生無養志之誠,則其歿也自必無感通之理。故曰:"惟孝子爲能饗親。"而夫子告子路,亦曰:"未能事人,焉能事鬼?"是故庸德之行,莫先於父母之順;而郊社之禮,禘嘗之義,緣之以起明乎此,而天下國家可得而治矣。

在上位者,能順乎親而後可以事天享帝;在下位者,能順乎親,而後可以獲上治民。

程子曰:"鬼神天地之功用,而造化之迹也。"張子曰:"鬼神者,二氣之良能也。"用以解《易》"神也者,妙萬物而爲言"一章,斯爲切當。如二子之說,則視之而弗見,聽之而弗聞者,鬼神也;其可見可聞者,亦鬼神也。今夫子但言弗見弗聞,知其爲祭祀之鬼神也。

質諸鬼神而無疑,猶《易》乾文言所謂"與鬼神合其吉凶"。

期之喪達乎大夫

《喪服》自期以下,諸侯絕,大夫降者;說者以爲期已下之喪,皆其臣屬,故不服。然制禮之意,不但爲此;古人有喪不祭,諸侯有山川社稷之事,不可以曠;故惟服三年而不服期,大夫亦與於其君駿奔在廟之事。但人數多不至於曠,故但降之而已。此古人重祭之義,後人不知,但以爲貴貴而已。

諸侯亦有期服,如始封之君,不臣諸父昆弟;封君之子,不臣諸父而臣昆弟。且亦有大功服,如姑姊妹,嫁于國君。尊同則不降紀,特舉其大概言之耳。

三年之喪達乎天子

"父母之喪，無貴賤，一也"，卽解"上三年之喪，達乎天子"一句，此舉其重者而言。然三年之喪，不止父母。《左氏·昭公十五年傳》："王一歲而有三年之喪二焉。"謂穆后與太子王后，謂之三年者，據達子之志而言其實期也。是天子亦有期喪。

達孝

達孝者，達於上下，達於幽明；所謂"孝弟之至，通於神明，光於四海，無所不通"者也。

思事親不可以不知人

"無豐于昵"，祖己之所以戒殷王也；"自八以下"，衆仲之所以對魯隱也；"以客爲臣"，子游之所以規文子也。親親之道，賴賢人而明者多矣。漢哀帝聽令褒、叚猶之言而尊定陶，共皇、唐高宗聽李勣之言而立皇后武氏；不知人之禍，且至於斁倫亂紀而不顧，可不愼哉！

人倫之大，莫過乎君父；而子夏先之以賢賢易色，何也？思事親不可以不知人也。

父子之親，長幼之序，男女之別，非師不明；教人以禮者，師之功也。故曰："師無當於五服；五服弗得不親。"

誠者天之道也

"誠者，天之道也。"故天下雷行，物與无妄，而先王以茂對時育萬物。

天敍有典，敕我五典五惇哉；天秩有禮，自我五禮有庸哉；天命有德，五服五章哉；天討有罪，五刑五用哉：莫非誠也。故曰："凡爲天下國家有九經，所以行之者，一也。"

肫肫其仁

五品之人倫莫不本于中心之仁愛。故曰："拜稽顙，哀戚之至隱也；稽顙，隱之甚也。"又曰："其送往也，望望然，汲汲然，如有追而弗及也；其反哭也，皇皇然，如有求而弗得也。故其往送也如慕，其反也如疑，求而無所得之也，入門而弗見也，上堂又弗見也，入室又弗見也；亡矣，不可復見已矣！故哭泣辟踊，盡哀而止矣，心悵焉、愴焉、惚焉、愾焉、心絕志悲而已矣。"此於喪而觀其仁也。"喪三日而殯，凡附於身者，必誠必信，勿之有悔焉耳。三月而葬，凡附于棺者，必誠必信，勿之有悔焉耳。"又曰："且比化者，無使土親膚，於人心獨無恔乎？"此於葬而觀其仁也。"齊之日，思其居處，思其笑語，思其志意，思其所樂，思其所嗜，齊之日乃其所爲齊者。祭之日，入室僾然，必有見乎其位；周還出戶肅然，必有聞乎其容聲；出戶而聽，愾然必有聞乎其歎息之聲。是故先王之孝也，色不忘乎目，聲不絕乎耳，心志嗜欲不忘乎心。"又曰："祭之明日，明發不寐，饗而致之，又從而思之；祭之日，樂與哀半，饗之必樂，已至必哀。"此於祭而觀其仁也。自此而推之郊社之禮，所以仁鬼神也；鄉射之禮，所以仁鄉黨也；食饗之禮，所以仁賓客也。親親而仁民，仁民而愛物；而天下之大經，畢舉而無遺矣。故曰：孝弟爲仁之本。

孝弟爲仁之本

堯舜之道，孝弟而已矣。是故"克明俊德，以親九族；九族旣睦，平章百姓；百姓昭明，協和萬邦，黎民於變時雍。"此之謂"孝弟爲仁之本"。

察其所安

"求仁而得仁"，安之也；"不怨天，不尤人"，"下學而上達"，安之也。使非所安，則擇乎中庸，而不能期月守矣。

子張問十世

《記》曰："聖人南而❶而治天下，必自人道始矣。立權度量，考文章，改正朔，易服色，殊徽號，異器械，別衣服；此其所得，與民變革者也，其不可得變革者則有矣。親親也，尊尊也，長長也，男女有別，此其不可得與民變革者也。"自春秋之併爲七國，七國之併爲秦，而大變先王之禮；然其所以辨上下，別親疏，決嫌疑，定是非，則固未嘗有異乎三王也。故曰："其或繼周者，雖百世，可知也。"

自古帝王相傳之統，至秦而大變；然而秦之所以亡，漢之所以

---

❶ "而"，當爲"面"。——編者註

興，則亦不待纖緯而識之矣。不仁而得天下，未之有也，此百世可知者也；保民而王，莫之能禦也，此百世可知者也。

媚奧

奧何神哉？如祀竈，則迎尸而祭於奧；此卽竈之神矣。時人之語謂："媚其君，將順於朝廷之上，不若逢迎於燕退之時也。"註：以奧比君，以竈比權臣，本一神也，析而二之，未合語意。

武未盡善

觀於季札論文王之樂，以爲美哉猶有憾；則知夫子謂"武未盡善"之旨矣，猶未洽於天下，此文之猶有憾也。天下未安而崩，此武之未盡善也。《記》曰："樂者，象成者也。"又曰："移風易俗，莫善於樂。"武王當日誅紂伐奄，三年討其君，而寶龜之命曰："有大艱於西土，殷之頑民，迪屢不靜，商俗靡靡，利口惟賢，餘風未殄；視舜之從欲以治，四方風動者，何如哉？"故《大武》之樂，雖作於周公，而未至於世變風俗之日。聖人之時也，非人力之所能爲矣。

朝聞道夕死可矣

"有弗學，學之弗能，弗措也；有弗問，問之弗知，弗措也；有弗思，思之弗得，弗措也；有弗辨，辨之弗明，弗措也；有弗行，行之弗篤❶，弗措也：不知年數之不足也，俛焉日有孳孳，斃而後已。"故

---
❶ 前缺"弗"字。——編者註

曰："朝聞道，夕死可矣。"吾見其進也，未見其止也；有一日未死之身，則有一日未聞之道。

忠恕

延平先生《答問》曰："夫子之道，不離乎日用之間。自其盡己而言，則謂之忠；自其及物而言，則謂之恕。莫非大道之全體，雖變化萬殊，於事爲之末；而所以貫之者，未嘗不一也。曾子答門人之問，正是發其心爾，豈有二邪？若以爲夫子一以貫之之旨，甚精微，非門人所可告，姑以忠恕答之；恐聖賢之心，不若是之支也。如孟子言堯舜之道，孝弟而已矣，人皆足以知之；但合內外之道，使之體用一原，顯微無間，則非聖賢不能爾。"朱子又嘗作《忠恕說》，其大指與此略同。按：此說甚明，而集注乃謂借學者盡己推己之目以著明之，是疑忠恕爲下學之事，不足以言聖人之道也。然則是二之非一之也。

慈谿黃氏曰："天下之理，無所不在；而人之未能以貫通者，己私間之也。"盡己之謂忠，推己及人之謂恕，忠恕既盡己私，乃克此理所在，斯能貫通。"故忠恕者，所以能一以貫之者也。"

元戴侗作《六書故》，其訓"忠"曰："盡己致至之謂忠。"《語》曰："爲人謀而不忠乎？"又曰："言思忠。"《記》曰："喪禮，忠之至也。"又曰："祀之忠也，如見親之所愛，如欲色然。"又曰："瑕不揜瑜，瑜不揜瑕，忠也。"傳曰："上思利民，忠也。"又曰："小大之獄，雖不能察，必以情，忠之屬也。"孟子曰："自反而仁矣，自反而有禮矣；其橫逆由是也，君子必自反也，我必不忠。"觀于此數者，可以知忠之義矣。反身而誠，然後能忠；能忠矣，然後由己推而達之國家天下，其道一也。其訓恕曰："推己及物之謂恕。"己欲立而立人，己欲達而達人，施諸己而不願，亦勿施於人。此恕之道也。充是心以往，達乎四海矣；故曰："夫子之道，忠恕而已矣。忠也者，天下之大本也；恕也者，天下之達道也。"子貢問曰："有一言而可以終身行之者乎？"子曰："其恕乎。"夫聖人者，何以異于人哉？知終身可行，則知"一以貫之"之義矣。

《中庸》記夫子言君子之道，四海無非忠恕之事；而《乾》九二之龍德，亦惟曰"庸言之信，庸行之謹"。然則忠恕，君子之道也；何以言"違道不遠"？曰：此猶之云"巧言令色，鮮矣仁"也。豈可以此而疑忠恕之有二乎？或曰：孟子言強恕而行，求仁莫近焉，何也？曰：此爲未至乎道者言之也。孟子曰："由仁義行，非行仁義也。"仁義豈有二乎？

夫子之言性與天道

夫子之教人，文行忠信；而性與天道，在其中矣。故曰："不可得而聞。"

子曰："二三子以我爲隱乎？吾無隱乎爾。吾無行而不與二三子者，皆是也。"謂夫子之言，性與天道，不可得而聞是，疑其有隱者也。不知夫子之文章，無非夫子之言性與天道，所謂"吾無行而不與二三子者，是丘也。"

子貢之意，猶以文章與性與天道爲二。故曰："子如不言，則小子何述焉？"子曰："天何言哉！四時行焉，百物生焉。天何言哉！"是可仕可止，可久可速，無一而非天也；恂恂便便，侃侃誾誾，無一而非天也。

動容周旋中禮，盛德之至也；孟子以爲堯舜性之之事。

夫子之文章，莫大乎《春秋》；《春秋》之義，尊天王攘夷狄，亂臣賊子皆性也，皆天道也。故胡氏以《春秋》爲聖人性命之文，而子如不言，則小子其何述乎？

今人但以繫辭爲夫子言性與天道之書，愚嘗以三復其文；如"鳴鶴在陰"，七爻，"自天祐之"一爻，"憧憧往來"十一爻，"履德之基也"九卦，所以教人學《易》者，無不在於言行之間矣。故曰："初率其辭，而揆其方，既有常典，苟非其人，道不虛行。"

樊遲問仁，子曰："居處恭，執事敬，與人忠。"司馬牛問仁，子曰："仁者，其言也訒。"由是而充之，一日克己復禮，有異道乎？"今之君子，學未及乎樊遲、司馬牛，而欲謂其高于顏、曾二子，是以終日言性天，而不自知其墜于禪學也！

朱子曰："聖人教人，不過孝弟忠信，持守誦習之間；此是下學之本。今之學者，以爲純根不足留，其平居道說，無非子貢之所謂不可得而聞者。"又曰："近日學者病在好高，《論語》未問學而時習，便說一貫；《孟子》未言梁惠王問利，便說盡心；《易》未言六十四卦，便讀繫辭。此爲躐等之病。"又曰："聖賢立言，本自平易；今推之使高，鑿之使深。"

黃氏《日鈔》曰："夫子述六經，後來者溺於訓詁，未害也。濂洛言道學，後來者借以談禪，則其害深矣。"孔門弟子，不過四科；自宋以下之爲學者，則有五科，曰"語錄科"。

劉、石亂華，本於清談之流禍，人人知之；孰知今日之清談，有甚於前代者！昔之清談，談老莊；今之清談，談孔孟。未得其精而已遺其粗，未究其本而先辭其末；不習六藝之文，不攷百王之典，不綜當代之務，舉夫子論學論政之大端，一切不問，而曰"一貫"，曰"無言"；以明心見性之空言，代修己治人之實學，股肱惰而萬事荒，爪牙亡而四國亂，神州蕩覆，宗社丘墟！昔王衍妙善元言自比子貢，及爲石勒所殺，將死，顧而言曰："嗚呼，吾曹雖不如古人，向若不祖尚浮虛，戮力以匡天下，猶可不至今日！"今之君子，得不有媿乎其言？

變齊變魯

變魯而至於道者，道之以德，齊之以禮；變齊而至於魯者，道之以政，齊之以刑。

博學於文

君子博學於文，自身而至於家國天下，制之爲度數，發之爲音容，莫非文也。"品節斯，斯之謂禮。"孔子曰："伯母叔母疏衰，歸❶不絕地；姑姊妹之大功，踊絕於地。"知此者，由文矣哉，由文矣哉！《記》曰："三年之喪，人道之至文者也。"又曰："禮減而進，以進爲文；樂盈而反，以反爲文。"《傳》曰："文明以止，文人也，觀乎人文以化成天下。"故曰："文王既沒，文不在茲乎？"而《謚法》："經緯天地曰文。"與弟子之學《詩》《書》六藝之文，有深淺之不同矣。

三以天下讓

《皇矣》之詩曰："帝作邦作對，自太伯、王季。"則太伯之時，周日以強大矣。乃託之采藥，往而不反，當其時，以國讓也；而自後日言之，則以天下讓也。當其時，讓王季也；而自後日言之，則讓於文王、武王也。有天下者，在三世之後；而讓之者，在三世之前。宗祧

---

❶ "歸"，當爲"踊"。——編者註

不記其功，彝鼎不明其迹；此所謂"三以天下讓，民無得而稱焉"者也。《路史》曰："方太王時，以與王季，而王季以與文王，文王以與武王，皆太伯啓之也，故曰三讓。"

太伯去而王季立，王季立而文武興，雖謂之以天下讓可矣。太公史序《吳世家》云："太伯避歷，江淮是適，文武攸興，古公王迹。"甚當。高太伯之興國者，不妨王季，《詩》之言"因心則友"是也。述文王之事君者，不害武王之詩，言"上帝臨女"是也。古人之能言如此。今將稱太伯之德，而先以莽操之加諸太王，豈夫子立言之意哉？朱子作《論語或問》，不取剪商之說；而蔡仲默傳《書·武成》曰："太王雖未始有剪商之志，而始得民心，王業之成，實某於此。"仲默，朱子之門人，可謂善於匡朱子之失者矣！

《或問》曰："太王有廢長立少之意，非禮也。秦伯又探其邪志而成之，至於父死不赴，傷毀髮膚，皆非賢者之事。就使必於讓國而爲之，則亦過而不合於《中庸》之德矣。其爲至德何邪？"曰："太王之欲立賢子聖孫，爲其道足以濟天下而非有愛憎之間、利欲之私也。是以太伯去之而不爲狷，王季受之而不爲貪，父死不赴、傷毀髮膚而不爲不孝，蓋處君臣父子之變而不失乎中庸，此所以爲至德也。其與魯隱公吳季子之事，蓋不同矣。"

有婦人焉

"予有亂臣十人，同心同德。"此陳師誓衆之言，所謂十人皆身在戎行者。而太姒、邑姜自在宮閫之內，必不從軍旅之事，亦必不并數之以足十臣之數也。古人有言曰："牝雞無晨，牝雞之晨，惟家之索。"方且以用婦爲紂罪矣，乃周之功業，必籍之於婦人乎？此理之不可通。或文字傳寫之誤，闕疑可也。

季路問事鬼神

"未能事人，焉能事鬼？"左右就養無方，故其祭也，洋洋乎如在其上，如在其左右；"未知生，焉知死？"人之生也直，故其死也無求生以害人，有殺身以成仁。

"天地有正氣，雜然賦流形；下則爲河岳，上則爲日星。"可以謂之知生矣！孔曰成仁，孟曰取義，而今而後，庶幾無愧。可以謂之知死矣！

不踐迹

服堯之服，誦堯之言，行堯之行，所謂踐迹也；先王之教，若《說命》所謂"學于古訓"，《康誥》所謂"紹聞衣德言"，以至於《詩》《書》六藝之文，三百三千之則，有一非踐迹者乎？善人者忠信而未學禮，篤實而未日新；雖其天資之美，亦能間與道合。而足已不學，無自以入聖人之室矣。治天下者亦然。故曰：周監於二代，郁郁乎文哉！不然，則以漢文之幾致刑措，而不能成三代之治矣。

異乎三子者之撰

夫子"如或知爾"之言，"吾非斯人之徒與而誰與"也。曾點浴沂詠歸之言，"素貧賤行乎？貧賤君子無入而不自得"也。故曰："異乎三子者之撰。"

去兵去食

"乃積乃倉，乃裹餱糧，于橐于囊。"國所以足食，而不待豳土之行也。"備乃弓矢，鍛乃戈矛，礪乃鋒刃，無敢不善。"國所以足兵，而不待淮夷之役也。苟其事變之來而有所不及備，則櫌鉏白鋌[1]可以爲兵，而不可闕食以修兵矣。糠覈草根可以爲食，而不可棄信以求食矣。古之人有至於張空、弮羅雀鼠，而民無貳志者，非上之信有以結其心乎？此又權於緩急輕重之間，而爲不得已之計也。明此義，則國君死社稷，大夫死宗廟，至於輿臺、牧圉之賤，莫不親其上，死其長；所謂聖人有金城者，此物此志也。豈非爲政之要道乎？孟子言"制梃以撻秦、楚"，亦是可以無待於兵之意。

古之言兵，非今日之兵，謂五兵也。故曰："天生五材，誰能去兵？"《世本》："蚩尤以金作兵：一弓，二殳，三矛，四戈，五戟。"《周禮》"司右五兵"注引司馬法曰："弓矢圍，殳矛守，戈戟助"是也。"詰爾戎兵"，詰此兵也；"踴躍用兵"，用此兵也；"無以鑄兵"，鑄此兵也。秦漢以下，始謂執兵之人爲兵。如信陵君得選兵八萬人，項羽將諸侯兵三十餘萬，見于太史公之書，而五經無此。以執兵之人爲兵，猶之以被甲之士爲甲。《公羊傳》："桓公使高子將南陽之甲，立僖公而城魯。"晉趙鞅取晉陽之甲，以逐荀寅與士吉射。

冪盪舟

《竹書紀年》："帝相二十七年，澆伐斟鄩，大戰于濰，覆其舟，滅

---

[1] "鋌"，當爲"梃"。——編者註

之。"《楚辭·天問》:"覆舟斟鄩,何道取之。"正謂此也。漢時《竹書》未出,故孔安國注爲陸地行舟,而後人因之。

古人以左右衝殺爲盪陳,其銳卒謂之跳盪,別帥謂之盪主。《晉書·再❶記》隴上健兒歌曰:"丈八蛇矛左右盤,十盪十決無當前。"《唐書·百官志》:"矢石未受,陷堅突衆,敵因而敗者,曰跳盪。"盪舟,蓋因此義,與蔡姬之"乘舟蕩公"者不同。

管仲不死子糾

君臣之分,所關者在一身;華裔之防,所繫者在天下。故夫子之于管仲,略其不死子糾之罪,而取其一匡九合之功;蓋權衡於大小之間,而以天下爲心也。夫以君臣之分,猶不敵華裔之防,而《春秋》之志可知矣。有謂管仲之於子糾,未成爲君臣者;子糾於齊未成君,以仲與忽則成爲君臣矣。狐突之子毛及偃,從文公在秦,而曰"今臣之子,名在重耳,有數年矣"。若毛偃爲重耳之臣,而仲與忽不得爲糾之臣,是以成敗定君臣也,可乎?又謂桓兄糾弟,此亦強爲之說。

論至於尊周室存華夏之大功,則公子與其臣,區區一身之名分小矣。雖然,其君臣之分,故在也;遂謂之無罪,非也。

子❷一以貫之

"好古敏求,多見而識。"夫子之所自道也;然有進乎是者,六爻之義至賾也。而曰:"知者觀其彖辭,則思過半矣。"三百之詩至汎也,而

---

❶ "再",當爲"載"。——編者註
❷ "子",當爲"予"。——編者註

曰"一言以蔽之，曰詩[1]無邪"；三千三百之儀至多也，而曰"禮與其奢也甯儉"；十世之事，至遠也，而曰"殷因於夏禮，周因於殷禮，雖百世可知；百王之治，至殊也，而曰道二，仁與不仁而已矣"：所謂"予一以貫之"者也。其教門人也，必先叩其兩端，而使之以三隅反；故顏子則聞一以知十，而子貢切磋之言，子夏禮後之問，則皆善其可與言詩，豈非天下之理殊塗而同歸，大人之學舉本以該末乎？彼章句之上，既不足以觀其會通；而高明之君子，又或語德性而道問學。均失聖人之指矣！

君子疾沒世而名不稱焉

疾名之不稱，則必求其實矣，君子豈有誤名之心哉？是以《乾》初九之傳曰："不易乎世，不成乎名。"

古之求沒世之名，今人求當世之名；吾自幼及老，見人所以求當世之名者，無非爲利也。名之所在，則利歸之，故求之惟恐不及也；苟不求利，亦何慕名？

性相近也

"性"之一字，始見於《商書》，曰："惟皇上帝，降衷于下民，若有恆性。""恆"，即相近之義；相近，近於善也；相遠，遠於善也。故夫子曰："人之生也直，罔之生也幸而免。"

人亦有生而不善者，如楚子良生子越椒，子文知其必滅若敖氏是也。然此千萬中之一耳。故公都子所述之三說，孟子不斥其非；而但

---

[1] "詩"，當爲"思"。——編者註

曰乃若其情，則可以爲善矣，乃所謂善也。蓋凡人之所大同而不論其變也，若紂爲炮烙之刑，盜跖日殺不辜，肝人之肉；此則生而性與人殊，亦如五官百骸人之所同然，亦有生而不具者，豈可以一而概萬乎？故終謂之性善也。孟子論性，專以其發見乎情者言之；且如見孺子入井，亦有不憐者；嘑蹴之食，有笑而受之者，此人情之變也。若反從而喜之，吾知其無是人也。

曲沃衛蒿曰："孔氏所謂相近卽以性善而言，若性有善有不善，其可謂之相近乎？如堯舜性者也，湯武反之也；若湯武之性不善，安能反之以至於堯舜邪？湯武可以反之，卽性之說；湯武之不卽爲堯舜而必待於反之，卽性相近之說也。孔子之言一也。"

虞仲

《史記》太伯之奔荆蠻，自號曰吳；荆蠻義之，從而歸之千餘家，立爲吳太伯。太伯卒，無子，弟仲雍立，是爲吳仲雍；仲雍卒，子季簡立；季簡卒，子叔達立；叔達卒，子周章立。是時周武王克殷，求太伯仲雍之後，得周章；周章已君吳，因而封之，乃封周章弟虞仲於周之北故夏墟，是爲虞仲，列爲諸侯。按：此則仲雍爲吳仲雍，而虞仲者，仲雍之曾孫也。殷時諸侯，有虞國；《詩》所云"虞芮質厥成"者，武王時而封周章之弟於其故墟，乃有虞仲之名耳。《論語》："逸民虞仲、夷逸。"《左傳》："太伯、虞仲，太王之昭也。"卽謂仲雍爲虞仲，是祖孫同號；且仲雍君吳，不當言虞。古"吳""虞"二字多通用，竊疑二書所稱"虞仲"，並是"吳仲"之誤。又攷《吳越春秋》，太伯曰："其當有封者，吳仲也。"則仲雍之稱吳仲，固有徵矣。

《漢書·地理志》："河東郡大陽，吳山在西，上有吳城。周武王封太伯後於此，是爲虞公。"《續漢郡國志》："太陽有吳山，上有虞城。""虞城"之書爲"吳城"，猶"吳仲"之書爲"虞仲"也。杜元凱左氏注亦曰："仲雍支子，別封西矣[1]。"

聽其言也厲

君子之言，非有意于厲也；是曰是，非曰非。孔穎達《洪範正義》曰："言之決斷，若金之斬割。"

居官則告諭可以當鞭扑，行師則誓戒可以當甲兵，此謂之聽其言也厲。

有始有卒者其惟聖人乎

聖人之道，未有不始于灑掃、應對、進退者也；故曰："約之以禮"，又曰："知崇禮卑。"

梁惠王

《史記·魏世家》："惠王三十六年，卒，子襄王立。襄王元年，與諸侯會徐州，相王也，追尊父惠王爲王。"而孟子書其對惠王，無不稱之爲"王"者，則非追尊之辭明矣。司馬子長亦知其不通，而改之曰"君"；然孟子之書，出於當時，不容誤也。杜預《左傳集解·後序》言："哀公於《史記》，襄王之子，惠王之孫也。惠王三十六年卒，而襄王立；立十六年卒，而哀王立。古書《紀年篇》，惠王三十六年（改

---

[1] "矣"，當爲"吳"。——編者註

元），從一年始至十六年，而稱惠成王卒，卽惠王也。疑《史記》誤分惠、成之世以爲後王年也，哀王二十三年卒，故特以不稱謚，謂之今王。"今按：惠王卽位三十六年，稱王，改元，又十六年卒；而子襄王立，卽《紀年》所謂今王，無哀王也。襄、哀字相近，《史記》分爲二人，誤耳。

《秦本紀》："秦惠文王十四年，更爲元年。"此稱王改元之證，又與魏惠王同時。

《魏世家》："襄王五年，予秦河西之地；七年，魏盡入上郡於秦。"今按孟子書，惠王自言西喪地於秦七百里，乃悟《史記》所書襄王之年，卽惠王之後五年、後七年也。以孟子證之，而自明者也。

据《紀年》周愼靚王之二年，而魏惠王卒。其明年，爲魏襄王之元年；又二年，燕王噲讓國於其相子之；又二年，爲赧王之元年，齊人伐燕，取之；又二年，燕人畔。與《孟子》之書，先梁後齊，其事皆合。然孟子在二國，皆不久；書中齊事特多，又嘗爲卿於齊，當有四五年。若適梁乃惠王之末，而襄王立卽行，故梁事不多。謂孟子以惠王之三十五年至梁者誤，以惠王之後元年，爲襄王之元年故也。

孟子爲卿於齊，其於梁，則客也。故見齊王稱臣，見梁王不稱臣。

未有義而後其君者也

不遺親，不後君。仁之效也；其言義何義者，理之所由生也。昔者，齊景公有感於晏子之言，而懼其國之爲陳氏也。曰："是可若何？"對曰："惟禮可以已之。在禮家施不及國，民不遷農，不移工，賈不變士，不濫官，不滔大夫，不收公利。"又曰："君令臣共，父慈子

181

孝，兄愛弟敬，夫和妻柔，姑慈婦聽，禮也；令❶而不違，臣共而不貳，父慈而教，子孝而箴，兄愛而友，弟敬而順，夫和而義，妻柔而正，姑慈而從，婦聽而婉，禮之善物也。"晉侯謂女叔齊曰："魯侯不亦善於禮乎？"對曰："禮所以守其國，行其政令，無失其民者也。今政令在家不能取也，有子家羈，勿能用也。公室四分，民食於他，思莫在公，不圖其終，爲國君難，將及身不恤，其所禮之本末將於此乎在；而屑屑焉習儀以亟，言善於禮，不亦遠乎？"子曰："君子之道辟則坊，與坊民之所不足者也；大爲之坊，民猶踰之。故君子禮以坊德，刑以坊淫，命以坊欲。"古之明王，所以禁邪於未形，使民日遷善遠罪而不自知者，是必有其道矣。

不動心

凡人之動心與否，固在其加卿相行道之時也；枉道事人，曲學阿世，皆從此而始矣。"我四十不動心"者，不動其行一不義、殺一不辜而得天下之心，有不爲也。

市朝

"若撻之於市朝"，卽《書》所言若撻于市；古者朝無撻人之事，市則有之。《周禮·司市》："市刑，小刑憲罰，中刑徇罰，大刑扑罰。"又曰"胥執鞭度而巡其前，掌其坐作出入之禁令，凡有罪者，撻戮而罰之是也。"《禮記·檀弓》："遇諸市朝，不反兵而鬭。"兵器非可入朝之物。"奔喪哭辟市朝奔喪亦但過市，無過朝之事也。其謂之市朝

---

❶ 前少一"君"字。——編者註

者，《史記·孟嘗君傳》曰："莫之後，過市朝者，掉臂不顧。"《索隱》曰："言市之行列有如朝位，故曰市朝。古人能以衆整如此。"後代則朝列之參差，有反不如市律者矣！

必有事焉而勿正心

倪文節謂當作"必有事焉，而勿忘。"勿助[1]，勿助長也；傳寫之誤，以"忘"字作"正心"二字。言養浩然之氣，必當有事而勿忘；既已勿忘，又當勿助長也。疊二"勿忘"，作文法也。按：《書·無逸篇》曰："自時厥後，立王生則逸；生則逸，不知稼穡之艱難。"亦是一疊句，而文愈有致。今人發言，亦多有重說一句者。《禮記·祭義》："見間以俠甒。"鄭氏曰："見間當爲覸。"《史記·蔡澤傳》："吾持梁刺齒肥。"《索隱》曰："刺齒肥，當爲齧肥。"《論語》："五十以學《易》。"朱子以爲"五十"當作"卒"。此皆古書一字誤爲二字之證。

文王以百里

"湯以七十里，文王以百里。"孟子爲此言，以證王之不待大爾。其實文王之國，不止百里，周自王季伐諸戎，強土日大。文王自岐遷豐，其國已跨三四百里之地；伐崇伐密，自河以西，舉屬之周。至于武王，而西及梁、益，東臨上黨，無非周地。紂之所有，不過河內殷墟；其從之者，亦徂東方諸國而已。一舉而克商，宜其如振槁也。《書》之言文王，曰"大邦畏其力"，文王何能不藉力哉？

---

[1] "助"，當爲"忘"。——編者註

廛無夫里之布

　　有夫布，有里布。《周禮·地官》載師職曰："凡宅不毛者，有里布；凡田不耕者，出屋粟；凡民無職事者，出夫家之征。"閭師職曰："凡無職事者，出夫布。"鄭司農云："里布者，布參印書，廣二尺，長二尺，以爲幣，貿易物。《詩》云：'抱布貿絲。'抱此布也。或曰：'布，泉也。'《春秋傳》曰：'買之百兩一布。'"又廛人職："掌斂市之絘布、總布、質布、罰布、廛布。"元謂宅不毛者，罰以一里二十五家之泉。《集注》未引閭師文，今人遂以布專屬於里。

孟子自齊葬於魯

　　孟子自齊葬於魯，言葬而不言喪，此改葬也；禮，改葬緦，事畢而除。故反於齊，止於嬴，而充虞乃得承間而問。若曰：奔喪而還，營葬方畢，卽出赴齊卿之位，而門人未得發言；可謂三月無君，則皇皇如也。而身且不行三年之喪，何以教滕世子哉？

其實皆什一也

　　古來田賦之制，實始於禹，水土旣平，咸則三壤；後之王者，不過因其成蹟而已。故《詩》曰："信彼南山，維禹甸之；畇畇原隰，曾孫田之。我疆我理，南東其畝。"然則周之疆理，猶禹之遺法也。孟孔[1]乃曰："夏后氏五十而貢，殷人七十而助，周人百畝而徹。"夫井

---

[1] "孔"，當爲"子"。——編者註

田之制，一井之地，畫爲九區；故蘇洵謂萬夫之地，蓋二十二里有半。而其間爲川爲路者一，爲澮爲道者九，爲洫爲涂者百，爲溝爲畛者千，爲遂爲徑者萬；使夏必五十，殷必七十，周必百，則是一王之興，必將改畛涂、變溝洫、移道路以就之，爲此煩擾而無益於民之事也。豈其然乎？蓋三代取民之異，在乎貢助徹，而不在乎五十、七十、百畝；其五十、七十、百畝，特丈尺之不同，而田未嘗易也。故曰："其實皆什一也。"古之王者，必改正朔，易服色，異度數。故《史紀・秦始皇本紀》，於"改年十月朔，上黑"之下卽曰："數以六爲紀，符法冠皆六寸，而輿六尺，六尺爲步，乘六馬。"三代之王，其更制改物，亦大抵如此。故《王制》曰："古者，以周尺八尺爲步，今以周尺六尺四寸爲步。"而當日因時制宜之法，亦有可言。夏時土曠人稀，故其畝特大；殷周土易人多，故其畝漸小。以夏之一畝爲二畝，其名殊而實一矣。國佐之對晉人曰："先王彊理天下物土之宜，而布其利。"豈有三代之王而爲是紛紛無益于民之事哉？

莊嶽

"引而置之莊嶽之間。"注："莊嶽，齊街里名也。"莊，是街名；嶽，是里名。《左傳・襄二十八年》："得慶氏之木百居於莊。"注云："六軌之道。""反陳于嶽"注云："嶽，里名。"

古者不爲臣不見

觀夫孔子之見陽貨，而後知踰垣閉門賢者之過，未合於中道者也。然後世之人，必有如胡廣被中庸之名，馮道託仲尼之迹者矣。其始也，屈己以見諸侯；一見諸侯，而懷其祿利，於是望塵而拜貴人，希旨以投時好，此其所必至者。曾子、子路之言，所以爲末流戒也。故曰："君子上交不諂。"又曰："上弗援，下弗推。"後世之於士人，許之以自媒，勸之以干祿，而責其有恥，難矣。

公行子有子之喪

《禮》：父爲長子斬衰三年；故公行子有子之喪，而孟子與右師及齊之諸臣皆往弔。

爲不順於父母

《虞書》所載，帝曰："子聞如何？"岳曰："瞽子父頑母嚚象傲，克諧以孝，烝烝乂，不格姦。"是則帝之舉舜，在瞽瞍底豫之後。今孟子乃謂九男二女，百官牛羊倉廩備，以事舜於畎畝之中，猶不順於父母，而如窮人無所歸。此非事實。但其推見聖人之心，若此使天下之爲人子者，處心積慮，必出乎此而爲大孝耳。後儒以爲實。然則"二嫂使治朕棲"之說，亦可信矣。

象封有庳

舜都蒲板，而封象於道州鼻亭；在三苗以南，荒服之地，誠爲可疑。如孟子所論親之欲其貴，愛之欲其富；又且欲其源源而來，何以不在中原近畿之處，而置之三千餘里之外邪？蓋上古諸侯之封萬國，其時中原之地，必無閒土可以封故也。又攷太公之於周，其功亦大矣；而僅封營丘。營丘在今昌樂、濰二縣界。史言其地瀉鹵，人民寡；而孟子言其儉於百里。又萊夷偪處，而與之爭國。夫尊爲尚父，親爲后父，功爲元臣，而封止於此；豈非中原之地爲閒土，故至蒲姑氏之滅而後乃封太公邪？或曰："禹封在陽翟，援封在武功，何與？"二臣者，有安天下之大功；舜固不得以介弟而先之也。故象之封於遠，聖人之不得已也。

周室班爵祿

爲民而立之君，故班爵之意，天子與公、侯、伯、子、男一也，而非絕世之貴；代耕而賦之祿，故班祿之意，君、卿、大夫、士與庶人在官一也，而非無事之食。是故天子一位之義，則不敢肆於民上以自尊；知祿以代耕之義，則不敢厚取於民以自奉。不明乎此，而侮奪人之君，常多于三代之下矣。

費惠公

《孟子》"費惠公"注："惠公，費邑之君。"按《春秋》時有兩費，有一見《左傳·成公十三年》："晉侯使呂相絕秦，曰：'殄滅我費滑。'"注："滑國都于費，今河南緱氏縣。"《襄公十八年》：楚蒍子馮、公子格，率銳師侵費滑。蓋一地而秦滅之，而後屬晉耳。其一，《僖公元年》："公賜季友汶陽之田，及費。"《齊乘》："費城，在費縣西北二十里，魯季氏邑。"在子思時，滑國之費，其亡久矣，疑卽季氏之後而僭稱公者。魯連子稱陸子謂齊湣王曰："魯、費之衆臣，甲舍于襄賁。"而楚人封頃襄，有鄒、費、郯、邳，殆所謂"世上十二諸侯"者邪？

187

仁山金氏曰："費本魯季氏之私邑，而《孟子》稱小國之君；曾子書亦有費君、費子之稱。"蓋季氏專魯，而自春秋以後，計必自據其邑；如附庸之國矣。大夫之爲諸侯，不待三晉而始然，其來亦淺矣！

季氏之于魯，但出君而不敢立君，但分國而不敢篡位，愈于晉、衛多矣！故曰："魯猶秉周禮。"

行吾敬故謂之內也

先王治天下之具，五典、五禮、五服、五刑；其出乎身加乎民者，莫不本之於心以爲之裁制。親親之殺，尊賢之等，禮所生也。故孟子答公都子言義，而舉酌鄉人敬尸二事，皆禮之用也，而莫非義之所宜。自此道不明，而二氏空虛之教，至于搥提仁義，絕滅禮樂，從此起矣！自宋以下，一二賢智之徒，病漢人訓詁之學，得其粗迹，務矯之以歸於內；而達道德九經，三重之事，置之不論。此真所謂"告子未嘗知義"者也。其不流於異端而害吾道者，幾希。

董子曰："宜在我者，而後可以稱義。"故言義者，合我與宜以爲一言；以此操之，義之言我也。此與孟子之言相發。

以紂爲兄之子

以紂爲弟，且以爲君，而有微子啓；以紂爲兄之子，且以爲君，而有王子比干。並言之，則於文有所不便，故舉此以該彼，此古人文章之善。且如"郊社之禮，所以事上帝也"，不言后土。"地道無成，而代有終也"，不言臣妻；"先王居檮杌於四裔"，不言渾敦、窮奇、饕餮。後之讀書者，不待子貢之明，亦當聞一以知二矣。

才

人固有爲不善之才，而非其性也。性者，天命之；才者，亦天降之。是以禽獸之人，謂之未嘗有才。

《中庸》言"能盡其性"，《孟子》言"不能盡其才"。能盡其才，則能盡其性矣，在乎擴而充之。

求其放心

學問之道無他，求其放心而已矣。然則但求放心，可不必於學問乎？與孔子之言"吾嘗終日不食，終夜不寢，以思無益，不如學也"者，何其不同邪？他日又曰："君子以仁存心，以禮存心。"是所存者非空虛之心也；夫仁與禮，未有不學問而能明者也。《孟子》之意，蓋曰能求放心，然後可以學問。使弈秋誨二人弈，其一人專心致志，惟弈秋之爲聽；一人雖聽之，一心以爲有鴻鵠將至，思援弓繳而射之，雖與之俱學，勿若之矣。此放心而不知求弈也。然但知求放心者未嘗"窮中罫之方，悉雁行之勢"，亦必不能從事于弈。

所去三

兔死而已矣，則亦不久而去矣。故曰"所去三。"

自視欿然

人之爲學，不可自小，又不可自大：得百里之地而君之，皆足以朝諸侯有天下，不敢自小也；附之以韓、魏之家，如其自視欿然，則過人遠矣，不敢自大也。予將以斯道覺斯民也，思天下之民，匹夫匹婦，有不被堯舜之澤者，若己推而內之溝中，則可謂不自小矣；自耕稼陶漁以至爲帝，無非取於人者，則可謂不自大矣。故自小，小也；自大，亦小也。今之學者，非自小則自大，吾見其同爲小人之歸而已。

士何事

士農工商，謂之四民，其說始於《管子》。三代之前，民之秀者，乃收之鄉序，升之司徒；而謂之士固千百之中不得一焉。大宰以九職任萬民，五曰百工飭化，八材計亦無多人爾。武王作《酒誥》之書曰："妹土嗣爾股肱，純其藝黍稷，奔走事厥考厥長。"此謂農也。"肇牽車牛，遠服賈，孝用養厥父母。"此謂商也。又曰："庶士有正越庶伯，君子其爾典，聽朕教。"則謂之曰士者，大抵皆有職之人矣。惡有所謂"羣萃而州處，四民各自爲鄉之法"哉？春秋以後，游士日多；《齊語》言桓公爲游士八十人，奉以車馬衣裘，多其資幣，使周游四方，以號召天下之賢士。而戰國之君，遂以士爲輕重，文者爲儒，武者爲俠。嗚呼，游士興而先生之法壞矣！彭更之言，王子墊問之，其猶近古之意與？

飯糗茹草

享天下之大福者，必先天下之大勞；宅天下之至貴者，必執天下之至賤。是以殷王小乙，使其子武丁舊勞于外。知小人之依而周之，后妃亦必服澣濯之衣，修煩縟之事；及周公遭變，陳后稷先公王業之所由者，則皆農夫女工衣食之務也。古先王之教，能事人而後能使人；其心不敢失于一物之細，而後可以勝天下之大。舜之聖也，能飯糗茹草；禹之聖也，而手足胼胝，面目黎黑。此其所以道濟天下而爲萬世帝王之主也，況乎其不如禹舜者乎？

孟子外篇

《史記》伍被對淮南王安，引《孟子》曰："紂貴爲天子，死曾不若匹夫。"揚子《法言·終身篇》引《孟子》曰："夫有意而不至者有矣，未有無意而至者也。"桓寬《鹽鐵論》引《孟子》曰："吾於河廣知德之至也。"又引《孟子》曰："堯舜之道，非遠人也；人不思之爾。"《周禮·大行人》注，引《孟子》曰："諸侯有王。"宋鮑照《河清頌》引《孟子》曰："千載一聖，猶旦暮也。"《顏氏家訓》引《孟子》曰："圖影失形。"《梁書·處士傳·序》引《孟子》曰："今人之於爵祿得之若其生，失之若其死。"《廣韻》"圭"字下注曰："《孟子》六十四黍爲一圭，十圭爲一合。"以《集注》中程子所引《荀子》《孟子》三見齊王而不言事，門人疑之。孟子曰："我先攻其邪心。"今孟子書皆無其文，豈所謂外篇者邪？《詩·維天之命傳》引孟仲子曰："大哉，天命之無極！"而美周之禮也。《閟宮》傳引孟仲子曰："是禖宮也。"《正義》引趙岐云："孟仲子，孟子從昆弟習于孟子者也。《譜》云：'孟仲子者，子思弟子。'蓋與孟軻共事子思，後學於孟軻，著書論詩，毛氏取以爲說。"則又有孟仲子之書矣。

孟子引論語

《孟子》書引孔子之言，凡二十有九，其載於《論語》者八，又多大同而小異；然則夫子之言，其不傳于後者多矣。故曰："仲尼沒而微言絕。"

孟子字樣

九經《論語》，皆以漢《石經》爲據；故字體未變，《孟子》字多近今。蓋久變於魏晉以下之傳錄也。然則《石經》之功，亦不細矣。

《唐書》言：邠州故作豳，開元十三年，以字類"幽"，故爲"邠"。今惟孟子書用"邠"字。

《容齋隨筆》言《孟子》："是由惡醉而強酒"，"見由不得而亟"，并作"由"，今本作"猶"。是知今之《孟子》，又與宋本小異。

孟子弟子

趙岐注《孟子》以季孫、子叔二人爲孟子弟子，季孫知孟子意不欲，而心欲使孟子就之。故曰："異哉，弟子之所聞也！"子叔心疑惑之，亦以爲可就之矣，"使己爲政"以下，則孟子之言也。又曰："告子名不害，兼治儒墨之道者，學於孟子而不能純徹性命之理。"又曰："高子，齊人也；學于孟子鄉道而未明，去而學他術。"又曰："盆成括嘗以學於孟子，問道未達而去。"宋徽宗政和五年，封告子、不害東阿伯，高子泗水伯，盆成括萊陽伯，季孫豐城伯，子叔乘陽子，皆以孟子弟子故也。《史記索隱》曰："孟子有萬章、公明高等，並軻之門人。"《廣韻》又云："離婁，孟子門人。"不知其何所本？元吳萊著《孟子弟子列傳》二卷，今不傳。晏子書稱西郭徒居布衣之士，盆成括嘗爲孔子門人，尤誤。

荼[1]

"荼"字，自中唐始變作"茶"，其說已詳之《唐韻正》。按《困學紀聞》，荼有三："誰謂荼苦"，苦菜也；"有女如荼"，茅秀也；"以薅荼蓼"，陸草也。今按：《爾雅》："荼""涂"字凡五見，而各不同。《釋草》曰："荼，苦菜。"注引《詩》："誰謂荼苦，其甘如薺。"疏云："此味苦可食之菜，《本草》一名選，一名游冬。《易緯·易卦驗元圖》云'苦菜生於寒秋，經冬歷春乃成'。《月令》'孟夏苦菜秀'，是也。葉似苦苣而細，斷之有白汁，花黃似菊，堪食，但苦耳。"又曰："蔈荂荼。"注云："卽芳。"疏云："按《周禮·掌荼》及《詩》'有女如荼'，皆云：荼，茅秀也、蔈也、荂也，其別名。此二字，皆從草從余。"又曰："蒤，虎杖。"注云："似紅草而麁大，有細刺，可以染赤。"疏云："蒤一名虎杖。陶注：《本草》云，田野甚多，壯如大馬蓼，莖班而葉圓，是也。"又曰："蒤，委葉。"注引《詩》"以茠蒤蓼"。疏云："蒤，一名委葉。"王肅說《詩》云："蒤，陸穢草。"然則蒤者，原無蕪穢之草，非苦菜也。今《詩》木"茠"作"薅"，此二字皆從草從涂解。木曰薅

---

[1] 原書，乃編者所加。——編者註

苦荼❶。注云："樹小如梔子，冬生，果❷可煎作羹飲；今呼早菜者爲荼，晚取者爲茗，一名荈，蜀人名之苦荼。"此一字亦從草從余，以《詩》攷之，《邶·谷風》之"荼苦"，《七月》之"采荼"，《緜》之"堇荼"，皆苦菜之荼也。又借而爲"荼毒"之荼，《桑柔》《湯誥》，皆苦菜之荼也。《夏小正》"取荼莠"，《周禮·地官》"掌荼"，《儀禮·旣夕禮》"茵著用荼，實綏澤焉"。《詩·鴟鴞》"捋荼"。傳曰："荼，萑苕也。"《正義》曰："謂萑之秀穗，茅薍之穗；其物相類，故皆名荼也。"茅秀之荼也，以其白也而象之。《出其東門》："有女如荼"。《國語》："吳王夫差萬人爲方陳，白常、白旗、素甲、白羽之贈，望之如荼。"《攷工記》："望而眂之，欲其荼白。"亦茅秀之荼也。《良耜》之"荼蓼"，委葉之蒤也。唯虎杖之蒤也❸，與檟之苦荼，不見于《詩》《禮》。而王褒《僮約》云："武都買荼。"張載《登成都白菟樓詩》云："芳荼冠六清。"孫楚詩云："姜桂荼荈出巴蜀。"《本草衍義》："晉溫嶠上表，貢荼千斤、茗三百斤。"是知自秦人取蜀而後始有茗飲之事。

　　王褒《僮約》，前云"包鼈烹荼"，後云"武都買荼"。注，以前爲苦菜，後爲茗。

　　《唐書·陸羽傳》："羽嗜茶，著經三篇，言茶之原、之法、之其❹尤備，天下益知飲茶矣。"有常伯熊者，因羽論復廣著茶之功；其後尚茶成風，時回紇入朝，始驅馬市茶，至明代設茶馬御史。而《大唐新語》言：右補闕綦母熲性不飲茶，著《茶飲》，序云："解滯消壅，一日之利質佳；瘠氣侵精，終身之害斯大。獲益則功歸茶力，貽患則不謂茶災。豈非福近易知，害遠難見？"宋黃庭堅《茶賦》亦曰："寒

---

❶ 此句疑有誤。《爾雅·釋木》云："檟，苦荼。"——編者註
❷ "果"，當爲"葉"。——編者註
❸ "也"，疑爲衍字。——編者註
❹ "其"，當爲"具"。——編者註

中脊氣，莫甚于茶，或濟之鹽，勾賊破家。"今南人往往有茶。[1]

鴚

《爾雅》："舒雁，鵝。"注："今江東呼鴚鴚。"即駕字。《左傳》："魯大夫榮駕鵝。"《方言》："雁自關而東，謂之鴚鵝。"《太元經》："裝次二駕，鵝慘於冰。"一作"鴚鵝"。司馬相如《子虛賦》："弋白鵠，連駕鵝；雙鶬下，元鶴加。"《上林賦》："鴻鷫鵠鴇，駕鵝屬玉。"揚雄《反離騷》："鳳皇翔於蓬陼兮，豈駕鵝之能捷？"張衡《西京賦》："駕鵝鴻鴇。"《南都賦》："鴻鴇駕鵝。"杜甫《七歌》："前飛駕鵝後鶖鶬。"《遼史·穆宗紀》："獲駕鵝，祭天地。"《元史·武宗紀》："禁江西、湖廣、汴梁私捕駕鵝。"《山海經》："青要之山，是多駕鳥。"郭璞云："未詳，或云當作'駕'；其從'馬'者，傳寫之誤爾。"

九經

唐宋取士，皆用九經；今制定爲五經，而《周禮》《儀禮》《公羊》《穀梁》二傳，並不列於學官。杜氏《通典》：東晉元帝時，太常賀循上言："《尚書》被符經，置博士一人。又多故厯紀儒道，荒廢學者，能兼明經義者少；且《春秋》三傳，俱出聖人，而義歸不同。自前代通儒，未有能通得失兼而學之者也。今宜《周禮·儀禮》二經，置博士二人；《春秋》三傳，置博士三人；其餘則經置一人，合八人。"太常荀崧上疏言："博士舊員十有九人，今五經合九人；準古計今，猶未中半。《周易》有鄭氏注，其書根源，誠可深惜。《儀禮》一經，所謂

---

[1] 後疑有缺文。——編者註

《曲禮》。鄭元於禮特明，皆有證據。昔周之衰，孔子作《春秋》，左丘明、子夏造郗親受。孔子歿，丘明譔其所聞爲之傳；微辭妙旨，無不精究。公羊高親受子夏，立于漢朝，多可采用；穀梁亦帥徒相傳；諸所發明，或是《左氏》《公羊》不載，亦足有所訂正。臣以爲《三傳》雖同曰《春秋》，而發端異趣，宜各置一人以傳其學。"遇王敦難，不行。唐貞觀九年五月，敕自今以後，明經兼習《周禮》；若《儀禮》者，於本色內量減一選。"開元八年正月，國子司業李元瓘上言：三《禮》三《傳》，及《毛詩》《尚書》《周易》等，並聖賢微旨，生人教習；今明經所習，務在出身。咸以《禮記》文少，人皆競讀。《周禮》經邦之軌，則《儀禮》莊敬之楷模。《公羊》《穀梁》，歷代宗習。今兩監及州縣，以獨學無友，四經始絕；事資訓誘，不可因循。其學生請停各量配合作業，并貢人預試之日，習《周禮》《儀禮》《公羊》《穀梁》，並請帖十五通許其入第；以此開勸，卽望四海均習，九經該備。"從之。《唐書》開元十六年十二月，楊琅爲國子祭酒，奏言："今之明經，習《左氏》者十無一二。又《周禮》《儀禮》及《公羊》《穀梁》，殆將廢絕；請量加優獎。"於是下制："明經習《左氏》及通《周禮》等四經者，出身免任散官。"遂著于式。古人抱遺經扶微學之心如此其急，而今乃廢之；蓋必當時之士子，苦四經之難習，而主議之臣，徇其私意，遂舉歷代相傳之經典，置之而不學也。自漢以來，豈不知經之爲五，而義之並存不容執一；故三家之學，并列《春秋》。至於三《禮》，各自爲書。今乃去經習傳，尤爲乖理；苟便己私，用之干祿。率天下而欺君負國，莫甚于此！經學日衰❶。《宋史》：神宗用王安石之言，"士各占治《易》《書》《詩》《周禮》《禮記》一經，兼《論語》《孟子》。"朱

---

❶ 疑后有缺文。——編者註

文公《乞修三〈禮〉劄子》:"爲秦滅先壞❶,其頗存者,三《禮》而已。《周官》一書,固爲禮之綱領;至于儀法度數,則《儀禮》乃其本經。而《禮記》郊特牲、冠義等篇,乃其義說耳。前此猶有三《禮》通禮、學究諸科,禮雖不行,士猶得以誦習而知其說。熙甯以來,王安石變亂制度,廢罷《儀禮》,而獨存《禮記》之科;置經任傳,遺本宗末,其失已甚。"是則《儀禮》之沒,乃自安石始之。朱子又作《謝監嶽文集序》曰:"謝綽中,建之政和人。先君子尉政和,行田間,聞讀書聲;入而視之,以時方專治王氏《儀禮》也。學而獨能爾❷,異之,卽與俱歸,勉其所未至,遂中紹興三年進士第。"在宋已爲空谷之足音,今時則絕響矣!

先生《儀禮》鄭注《句讀序》曰:三代之後,其存於禮世而無疵者,獨有《儀禮》一經。漢鄭康成爲之注,魏晉以下,至唐宋通經之士,無不講求於此。自熙甯中,王安石變亂舊制,始罷《儀禮》,不立學官,而此經遂廢,此新法之爲經害者一也。南渡以後,二陸起於金谿,其說以德性爲宗;學者便其簡易,羣然趨之,而於制度文爲一切鄙爲末事。賴有朱子正言力辨,欲修三《禮》之書,而卒不能勝。夫空虛妙悟之學,此新說之爲經害者二也。沿至於今,有坐皐比、稱講師,門徒數百、自擬濂洛,而終身未讀此經一編者,若天下之書,皆出於國子監所頒以爲定本;而此經誤文最多,或至脫一簡一句,非唐石本之尚存于關中,則後儒無由以得之矣。濟陽張爾岐稷若篤志好學,不應科名;錄《儀禮》鄭氏注,而采賈氏、陳氏、吳氏之說,略以己意斷之,名曰《儀禮鄭注句讀》。又參定監本,脫誤凡二百餘字;并考《石經》之誤五十餘字,作《正誤》二篇,附於其後,藏諸家塾。時

---

❶ 該句文意不通,當爲"遭秦滅學,禮樂先壞"。——編者註
❷ 自"入而視之"至"而獨能爾",不通,當爲"入而視之,《儀禮》也。以時方治王氏學,而獨能爾"。——編者註

方多故，無能板行之者。後之君子，因句讀以辨其文，因文以識其義，因義以通制作之原；則夫子所謂以承天之道而治人之情者，可以追三代之英，而辛有之歎，不發于伊川矣！如稷若者，其不爲後世太平之先倡乎？若乃據《石經》刊監本，復立之學官，以習士子；而姑勸之以祿利，使毋失其傳，此又治經術者之責也。

考次經文

《禮記·樂記》"寬而靜"至"肆直而慈"一節，當在"愛者宜歌商"之上，文義甚明。然鄭康成因其舊文，不敢輒更。但注曰："此文換簡失其次，'寬而靜'宜在上，'愛者宜歌商'宜承此。"

《書·武城[1]》，定是錯簡，有日月可攷；蔡氏亦因其舊而別序一篇，爲今攷定《武成》，最爲得體。

其他攷定經文，如程子改《易·繫辭》"天一地二"一節，於"天數五"之上；《論語》"必有寢衣"一節，於"齊必有明衣布"之下。蘇子瞻改《書·洪範》"曰王省惟歲"一節，於"五曰歷數"之下；改《康誥》"惟三月哉生魄"一節，於《洛誥》"周公拜手稽首"之上。朱子改《大學》"康誥曰"至"止於信"於"未之有也"之下，改《詩》云'瞻彼淇澳'"二節，於"止於信"之下；《論語》"誠不可以富"二句，於"齊景公有馬千駟"一節之下。《詩·小雅》以《南陔》足《鹿鳴之什》，而下改爲《白華之什》。皆至當，無復可議，後人效之，妄生穿鑿。《周禮》五官互相更調，而王文憲作《二南相配圖》《洪範經傳圖》、重定《中庸章句圖》，改《甘棠》《野有死麕》《彼穠矣》三篇於王風。仁山金氏本此，改"斂時五福"一節於"五曰考終命"之下，改"惟辟作

---

[1] "城"，當爲"成"。——編者註

福"一節於"六曰弱"之下。使鄒魯之書，傳於今者，幾無完篇，殆非所謂"畏聖人之言"者矣！

董文清槐改《大學》"知止而后有定"二節，於"子曰聽訟，吾猶人也"之上，以爲傳之四章；釋"格物知止"，而傳止於九章：則《大學》之文，元無所闕，其說可疑。

鳳翔袁楷："謂《文言》有錯入繫辭者，'鳴鶴在陰'已下七節，自'天祐之'一節，'憧憧往來'已下十一節，此十九節皆《文言》也。卽'亢龍有悔'一節之重見，可以明之矣。"遂取此十八節屬於"天元而地黃"之後，於義亦通。然古人之文，變化不拘；況六經出自聖人，傳之先古，非後人所敢擅議也。

編後記

　　本書整理者許嘯天（1886~1946），字澤齋，號嘯天，別署嘯天生、嘯天廬主等，浙江上虞人。早年在《蘇報》發表文章，深得章太炎的賞識。後又致力於戲劇，能編善演。1914年，許嘯天與其妻高劍華創辦《眉語》雜誌，成為鴛鴦蝴蝶派的名刊之一。新文化運動興起後，許嘯天提倡新文化，致力於古代文化典籍和古代著名小說的點校和闡釋工作。曾以新式標點校點《黃梨洲集》《顧林亭集》《王船山集》《朱舜水集》《顏習齋集》（合為"清初五大師集"，《顧亭林集》是其中的卷二。知識產權出版社《民國文存》第一輯對這五卷均有收錄）以及《紅樓夢》《三國演義》等，又以白話註釋《詩經》《戰國策》《史記》等。許嘯天著有小說、劇本多種，在小說創作方面以歷史演義題材為主，其中以《清宮十三朝演義》流傳最廣，曾被改編為京劇，原作亦多次再版。此外，還編著有《文學小史》《中國文學史解題》《國故學討論集》等。1946年抗戰結束，許嘯天返回上海，任上海誠明文學院教授，創辦嘯天講學社，教授中國文學史，兼事寫作。

　　許嘯天在《顧亭林集新序》中指出："在三百年前的學術界，顧亭林先生可算得一個最博大的人物，他的學問開清代各派之先河。"顧亭林即顧炎武（1613~1682），本名繼坤，更名絳，字忠清，明朝滅亡后更名炎武，字寧人，號亭林，江蘇昆山人。學者尊稱其為亭林先生。顧炎武與王夫之、黃宗羲並稱為"清初三大儒"。南明弘光時，以貢生薦授兵部司務。清兵南下，顧炎武參加反清起義失敗后，遍歷華北等地，不忘複國。顧炎武學問淵深，著述尤豐，可考見者近50種。《日知錄》是顧炎武的代表作，亦是反映17世紀中葉時代風貌的學術巨著。顧炎武讀書時勤於劄記，將心得寫成條文，積數十年心力，至晚年才寫成《日知錄》32卷，千余條，不分門目，以類相從。內容豐富，考證較精，主要是社會歷史諸問題，寄託了顧亭林的經世致用思想。許嘯天將《日知錄》分經義、藝文、考證、世風四類進行整理。其挑選的標准是：在他個人"以爲可以緩讀的，暫時把他刪去。先把經義、藝文等四類整理出來，印成集子，供獻給一般讀者，在做學問的時候拿他做一種參考"。

本書依據群學社1926年1月付印、1928年再版的《顧亭林集》爲底本進行整理。《顧亭林集》實爲許嘯天對《日知錄》進行的篩選，名爲《日知錄節要》。原書分4卷，規模較大，爲便於翻閱，今分"上""下"。"上"是原書的卷一《經義》，"下"爲原書的卷二《藝文》、卷三《考證》和卷四《世風》。編輯在整理的過程中，版式上將原來的直排變爲橫排，以便於今人閱讀；儘量保持民國時期的語言文字原貌，如文中的繁簡字混用現象，並未加以改動；對底本中需要補充或明顯錯訛需要糾正的地方，以"編者注"的形式說明；底本已經使用了現代標點，但與今天的規範仍有差異，編輯以尊重原稿為主、輔以現代漢語標點規則修改。限於整理者水準，錯漏不當之處仍在所難免，誠望讀者批評指正。

韓　帥
二零一三年二月

《民國文存》第一輯書目

紅樓夢附集十二種	徐復初
萬國博覽會遊記	屠坤華
國學必讀（上）	錢基博
國學必讀（下）	錢基博
中國寓言與神話	胡懷琛
文選學	駱鴻凱
中國書史	查猛濟、陳彬龢
林紓筆記及選評兩種	林紓
程伊川年譜	姚名達
左宗棠家書	許嘯天、胡雲翼
積微居文錄	楊樹達
中國文字與書法	陳彬龢
中國六大文豪	謝無量
中國學術大綱	蔡尚思
中國僧伽之詩生活	張長弓
中國近三百年哲學史	蔣維喬
段硯齋雜文	沈兼士
清代學者整理舊學之總成績	梁啟超
墨子綜釋	支偉成
讀淮南子	盧錫烓

國外考察記兩種	傅芸子、程硯秋
古文筆法百篇	胡懷琛
中國文學史	劉大白
紅樓夢研究兩種	李辰冬、壽鵬飛
閒話上海	馬健行
老學蛻語	范禕
中國文學史	林傳甲
墨子間詁箋	張純一
中國國文法	吳瀛
錢基博著作三種	錢基博
老莊研究兩種	陳柱、顧實
清初五大師集（卷一）·黃梨洲集	許嘯天
清初五大師集（卷二）·顧亭林集	許嘯天
清初五大師集（卷三）·王船山集	許嘯天
清初五大師集（卷四）·朱舜水集	許嘯天
清初五大師集（卷五）·顏習齋集	許嘯天
文學論	夏目漱石、張我軍
經學史論	本田成之、江俠庵
經史子集要略	羅止園
古代詩詞研究三種	胡樸安、賀楊靈、徐珂
古代文學研究三種	張西堂、羅常培、呂思勉
巴拿馬太平洋萬國博覽會要覽	李宣龔
國史通略	張蔭南
先秦經濟思想史二種	甘乃光、熊夢
三國晉初史略	王鍾麒
清史講義（上）	汪榮寶、許國英
清史講義（下）	汪榮寶、許國英

清史要略	陳懷
中國近百年史要	陳懷
中國近百年史	孟世傑
中國近世史	魏野疇
中國歷代黨爭史	王桐齡
古書源流（上）	李繼煌
古書源流（下）	李繼煌
史學叢書	呂思勉
中華幣制史（上）	張家驤
中華幣制史（下）	張家驤
中國貨幣史研究二種	徐滄水、章宗元
歷代屯田考（上）	張君約
歷代屯田考（下）	張君約
東方研究史	莫東寅
近世歐洲史	何炳松
西洋教育思想史（上）	蔣徑三
西洋教育思想史（下）	蔣徑三
西洋教育史大綱	薑琦
人生哲學	杜亞泉
佛學綱要	蔣維喬
國學問答	黃筱蘭、張景博
社會學綱要	馮品蘭
韓非子研究	王世琯
中國哲學史綱要	舒新城
中國古代政治哲學批判	李麥麥
教育心理學	朱兆萃
陸王哲學探微	胡哲敷

認識論入門	羅鴻詔
儒哲學案合編	曹恭翊
荀子哲學綱要	劉子靜
中國戲劇概評	培良
中國哲學史（上）	趙蘭坪
中國哲學史（中）	趙蘭坪
中國哲學史（下）	趙蘭坪